U0142668

小杉拓也——著

張維芬——譯

國中三年的 數學 1本搞定

第二版

輕鬆駕馭所有基礎・數學成績瞬間提升

日本亞馬遜分類榜暢銷Top2

日本最高學府東大畢業、
幫助眾多學生考上理想志願的人氣講師
—— 小杉拓也 ——

五南圖書出版公司 印行

推薦序

　　大多數人總覺得「數學好難」，其實細細回頭思量，幾乎都是在國中三年沒能把握好學習的黃金時期，這實在是很可惜的事。

　　數學是科學之母，把數學學好，在學習其他科目時必定能更得心應手。

　　作者特別將國中三年的課程，用淺顯易懂的方式敘述，讓任何人都可以在家自己學會，逐步了解數學的奧妙。《國中三年的數學一本搞定》真的是一本不可多得的國中數學學習導引書。

張崧豪

作者序
《國中三年的數學一本搞定》的定本！

衷心感謝各位的協助，我才能夠完成這本書。

這本書是只需要一本就能理解國中三年數學的書。

非常榮幸《國小六年的數學一本搞定》的銷量已經超過十萬本，並且登上暢銷排行榜。

本書受到廣大家長、不擅長數學的讀者，以及中小學生的青睞與歡迎。

有些讀者感嘆的說：「**要是我早點看到這本書就好了**」、「**數學變得好簡單！**」

因此，我們決定繼續推出續集《國中三年的數學一本搞定》。

① **想要再次學習以及腦力激盪的成人。**

② **想要預習或複習的國中生與高中生，還有想要參加職校入學考試的考生。**

③ **家中有國中生，想教導他們如何複習及預習數學的家長們。**

這次我們特別針對上述對象，希望讓讀者從本質來了解國中所學的數學。只是反覆地練習教科書的內容，並不能理解數學本身真正的意義。因此，本書的特色即是具備了以下七大優勢。

第一	**各單元中加註 ✅完美解題的關鍵 ！**
第二	**將各單元重點濃縮整理在「非常重要」中！**
第三	**在短時間內「徹底」理解國中三年的數學！**
第四	**精心打造的「學習順序」與「細膩的解說」。**
第五	**為了加深對名詞意義的理解，特別將「字義索引」收錄於書末附錄！**
第六	**比照國中教科書的範圍與程度！**
第七	**適用於國中一年級的學生到成人，各年齡層的學習者！**

只要從一點點的「領悟」開始，就能漸漸發覺學習數學的樂趣。

希望各位都可以帶著愉快的心情來閱讀這本書。

《國中三年的數學一本搞定》的七大優勢

第一　各單元中加註 ✓ 完美解題的關鍵 ！

　　國中數學裡有許多訣竅，比方說「只要知道這個關鍵，就能順利解題」、「稍微注意一下這個重點，就可以減少很多錯誤！」

　　然而，教科書裡完全不會說明這些關鍵。因此，本書根據作者十五年以上的教學經驗，將「學校沒有教的訣竅」、「得高分的解題技巧」、「減少錯誤的方法」等，只要知道就可以完美解題的關鍵，加註在所有的單元中。

第二　將各單元重點濃縮整理在「非常重要」中。

　　將各單元的重點都濃縮整理在每個單元一開頭的「非常重要」中。掌握住重點後再進行學習，就能快速且正確地理解各單元的內容。

第三　在短時間內「徹底」理解國中三年的數學！

　　所謂的「徹底」具有兩種涵義。

　　第一種是，就像「用最短的時間」來「最深透地學習國中數學」，將最重要的部分集結成冊。第二種涵義則是，並非採用特殊的解題方法，而是延續學校的教科書內容，盡可能用最「正規」的方式來編排本書。

　　在這兩種涵義下，成為無論是忙碌的學生或成人都能用最短的時間「徹底」學會數學的一本書。

第四　精心打造的「學習順序」與「細膩的解說」！

　　學習數學時，能夠培養邏輯思考能力。這是因為，數學就是像「因為 A 所以 B，因為 B 所以 C，因為 C 所以 D」一樣，必須要循序漸進地引導思考。

　　如同學習數學必須具備邏輯，本書的內容也一樣是「只要依照順序從頭開始讀起，就能輕鬆地理解」。另外，為了讓讀者能夠容易理解，本書精心安排了「細膩的解說」。即便是再簡單的算式，也不會省略中間的步驟，詳盡地解說。

爲了加深對名詞意義的理解，特別將「字義索引」收錄於書末附錄！

學習數學時，掌握名詞意義也是非常重要的一件事。因爲，如果不清楚相關名詞的意思，就有可能因此犯下錯誤。

必須要徹底地了解，透過眞正的意思理解國中三年數學中，所出現的數學相關名詞以及其涵義。

有鑒於此，我們將本書中出現過的名詞，盡可能標示出來，並收錄在書末附錄的「字義索引」中。讓讀者想到的時候，就能夠自行搜尋名詞，並且查閱其涵義，能夠培養「使用語言解釋名詞的能力」。

第六 **比照國中教科書的範圍與程度！**

本書中所編列的例題及練習問題，都是比照國中教科書的範圍與程度來進行篩選。

另外，2012 年度日本發布的「新學習指導要領」中，將過去屬於高中數學範圍的「二次方程式的解題公式」以及「球體的體積與表面積」等單元，加入到國中數學中。本書也完整收錄新範圍的解說。

第七 **適用於國中一年級的學生到成人，各年齡層的學習者！**

本書在各單元中都註明了適用年級（國中一年級、國中二年級、國中三年級）。因此，國中生可以依照符合自己年級的內容，做重點式學習。

對於高中生到成人而言，可以選擇依序從頭開始閱讀，或是依照想要學習的範圍來閱讀，能夠配合各種用途來運用。因此本書可說是適用於國中一年級的學生到成人，甚至是老年人等各年齡層的學習者。

本書的使用方法

1 各章中所要學習的範圍。

2 本單元所要學習的主題。

3 該主題在公立國中的教科書中所對應的年級。

4 各主題的學習重點。

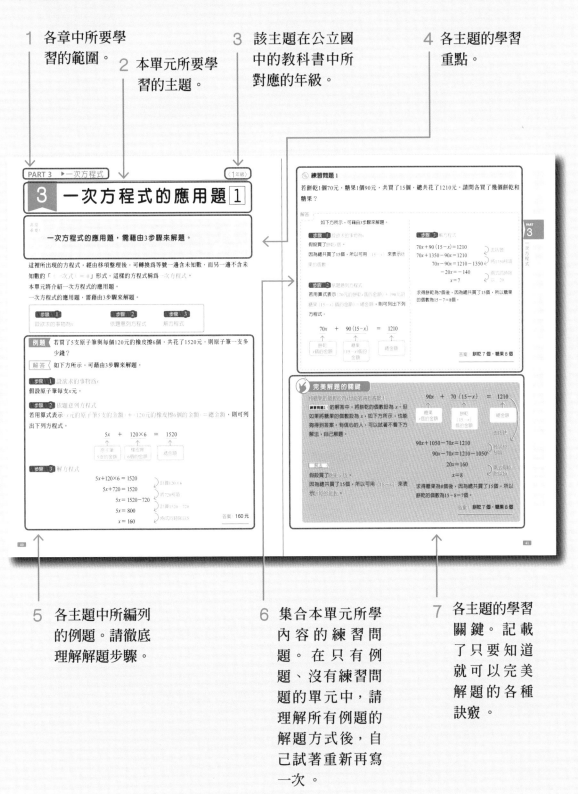

5 各主題中所編列的例題。請徹底理解解題步驟。

6 集合本單元所學內容的練習問題。在只有例題、沒有練習問題的單元中,請理解所有例題的解題方式後,自己試著重新再寫一次。

7 各主題的學習關鍵。記載了只要知道就可以完美解題的各種訣竅。

目錄

1 正數與負數

非常
重要!
比0大的數**稱為**正數
比0小的數**稱為**負數

1 什麼是正數與負數

例如：比0大7的數用＋7來表示。

「＋」讀作「**正**」，用來表示「正」的特性，稱為性質符號。

像＋7一樣，比0大的數就稱為正數。

相對而言，例如：比0小3的數以－3來表示。

「－」讀作「**負**」，用來表示「負」的特性，稱為性質符號。

像－3一樣，**比0小的數**就稱為負數。

正數與負數簡稱正負數。

＋7（比0大7）	→	正數
－3（比0小3）	→	負數

（正負數）

整數包括**正整數**、**0**與**負整數**。**正整數**又稱為自然數。

請注意0不是自然數。

整數

…、－3、－2、－1、0、＋1、＋2、＋3、…

負整數　　　　　正整數（自然數）

2 數的大小

在數線上標出**正數**、**0**、**負數**，每一個點都對應到一個數的直線稱為數線。**數線上越右邊的數越大，越左邊的數越小。**

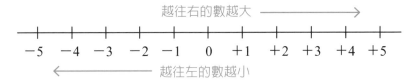

數的大小可以用不等號來表示。

不等號就是表示兩數大小的數學符號（「＜」及「＞」）。

兩數大小的表示方式（開口那一方朝向大的數字）如下：

不等號的表示方式	
大數 > 小數	（例）＋4＞－3
小數 < 大數	（例）＋3＜＋4

3 什麼是絕對值

從0到數線上一點的距離，稱為這個數的絕對值。

例如：＋5的絕對值為5，－4的絕對值為4。

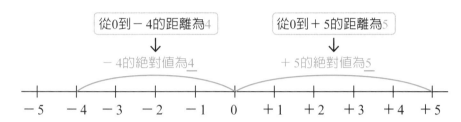

從0到－4的距離為4　　　　從0到＋5的距離為5

↓　　　　　　　　　↓

－4的絕對值為4　　　　＋5的絕對值為5

完美解題的關鍵

把「＋」、「－」拿掉就是絕對值！
「從正負數中將符號（＋或－）拿掉後所得到的
數」，就能作為這個數的絕對值。

＋5的絕對值為 5　　　－4的絕對值為 4

拿掉＋　　　　　　　拿掉－

練習問題

根據右方數線回答下列問題。

（1）請問A點和B點各表示什麼數？

（2）請問－2的絕對值為多少？

（3）請用不等號表示－3與－1的大小關係。

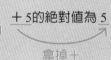

解答

（**1**）A 點位在 0 右方 1.5 個單位處，所以 A 點所對應的數為＋1.5。
B 點位在 0 左方 2.5 個單位處，所以 B 點所對應的數為－2.5。

答案：A 為＋1.5，B 為－2.5

（**2**）從 0 到－2 的距離為 2，所以－2 的絕對值為 2。
※ 從－2 中將符號（－）拿掉後，也可以得到 2。

答案：2

（**3**）數線上，－3 的位置在－1 左邊。
因此可以得知－3 比－1 小，所以用－3＜－1 來表示。

答案：－3＜－1

2 加法與減法

非常重要！

請掌握下列三種計算方式！
①同號數相加　②異號數相加　③**正負數的**減法

1 同號數相加

加法的運算結果稱為「和」。
當正數＋正數、負數＋負數，符號相同的兩數相加時，則計算出兩數絕對值的和，並在前面寫上相同的符號。（符號為＋、－記號）

正數＋正數

[例]　$(+8)+(+7)=$

解法 $(+8)+(+7)=+(8+7)=+\mathbf{15}$

相同的符號　加

負數＋負數

[例]　$(-3)+(-9)=$

解法 $(-3)+(-9)=-(3+9)=-\mathbf{12}$

相同的符號　加

2 異號數相加

當正數＋負數、負數＋正數，符號相異的兩數相加時，則用較大的絕對值減去較小的絕對值，並在前面寫上絕對值較大者的符號。

正數＋負數

[例]　$(+2)+(-5)=$

解法 $(+2)+(-5)=-(5-2)=-\mathbf{3}$

絕對值較大者的符號　減

負數＋正數

[例]　$(-9)+(+4)=$

解法 $(-9)+(+4)=-(9-4)=-\mathbf{5}$

絕對值較大者的符號　減

✍ 練習問題 1

請計算下列問題。

(1) $(+6)+(+5)=$　**(2)** $(-12)+(-9)=$　**(3)** $(+7)+(-4)=$　**(4)** $(-3)+(+14)=$

（1）$(+6)+(+5)=+(6+5)=+11$

相同的符號　加

（2）$(-12)+(-9)=-(12+9)=-21$

相同的符號　加

（3）$(+7)+(-4)=+(7-4)=+3$

絕對值較大者的符號　減

（4）$(-3)+(+14)=+(14-3)=+11$

絕對值較大者的符號　減

3 正負數的減法

減法的運算結果稱為「差」。

當正負數相減時，則改變減數的性質符號（變為相反數），並將減法改為加法計算。

［例］ $(+3)-(+7)=$

解法〈

$(+3)-(+7)$

改為加法　↓　↓改變性質符號

$=(+3)+(-7)=-(7-3)$

$=-4$

［例］ $(-9)-(+1)=$

解法〈

$(-9)-(+1)$

改為加法　↓　↓改變性質符號

$=(-9)+(-1)=-(9+1)$

$=-10$

練習問題 2

請計算下列問題。

（1）$(+8)-(+5)=$　**（2）**$(-11)-(-18)=$　**（3）**$(+16)-(-1)=$　**（4）**$(-5)-(+3)=$

（1） $(+8)-(+5)$

改為加法　↓　↓改變性質符號

$=(+8)+(-5)=+(8-5)=+3$

（2） $(-11)-(-18)$

改為加法　↓　↓改變性質符號

$=(-11)+(+18)=+(18-11)=+7$

（3） $(+16)-(-1)$

改為加法　↓　↓改變性質符號

$=(+16)+(+1)=+(16+1)=+17$

（4） $(-5)-(+3)$

改為加法　↓　↓改變性質符號

$=(-5)+(-3)=-(5+3)=-8$

完美解題的關鍵

「$-7-3$」的兩種解法

這個主題中，算式裡所有的數字都加了括號。

但是也有許多算式是不加括號的。如下：

［例］$-7-3=$

這個算式有兩種解法。

解法1

3又等於「$+3$」。因此思考如何「從-7中減去 $+3$」。如此一來，就能想到下列計算方式。

$-7-3=(-7)+(-3)=-(7+3)=-10$

$-7-3=(-7)-(+3)$←從-7中減去$+3$

3又等於「$+3$」

$=(-7)+(-3)=-(7+3)=-10$

解法2

將「$-7-3$」分為-7與3。接下來，思考如何「求出-7與3的總和」。如此一來，就能想到下列計算方式。

$-7-3=(-7)+(-3)$← 分開加-7與-3

$=-(7+3)=-10$

兩種解法都記下來吧！

3 乘法與除法

非常
重要！

同號的兩數相乘或相除 → 結果為正（＋）
異號的兩數相乘或相除 → 結果為負（－）

1 正負數的乘法

乘法的運算結果稱為「積」。

正負數的乘法計算方式如下：

同號相乘（正×正、負×負） → **絕對值的積**前面寫上「＋」號
異號相乘（正×負、負×正） → **絕對值的積**前面寫上「－」號

例題1 **請計算下列問題。**

（**1**）$(+4) \times (+3) =$　　（**2**）$(-5) \times (-7) =$　　（**3**）$(+9) \times (-2) =$

解答

例題（**1**）、（**2**）為同號相乘，所以在絕對值的積前面寫上「＋」號。

例題（**3**）為異號相乘，所以在絕對值的積前面寫上「－」號。

（**1**）$(+4) \times (+3) = +(4 \times 3) = +12 = \mathbf{12}$
正　　正
同號　　寫上＋　　＋號可以省略

（**2**）$(-5) \times (-7) = +(5 \times 7) = +35 = \mathbf{35}$
負　　負
同號　　寫上＋　　＋號可以省略

（**3**）$(+9) \times (-2) = -(9 \times 2) = \mathbf{-18}$
正　　負
異號　　寫上－

✨ 完美解題的關鍵

加括號與不加括號時

例題1 （**1**）中，＋4與4相同、＋3與3相同，所以可以變換為下列算式。

＋3與3相同
$$(+4) \times (+3) = 4 \times 3 = \mathbf{12}$$
＋4與4相同

例題1 （**2**）中，算式的開頭為負數時，可以省略(-5)的括號，但如果是例題（**2**）中(-7)的括號則不能省略。因為按照運算規則不能連續寫下像「×－」這樣的兩個記號。

括號不能省略（因為省略後會成為「×－」）
$$(-5) \times (-7) = -5 \times (-7) = \mathbf{35}$$
括號可以省略

2 正負數的除法

除法的運算結果稱爲「商」。正負數的除法計算方式如下：

> 同號相除（正÷正、負÷負）→ **絕對值的商**前面寫上「＋」號
>
> 異號相除（正÷負、負÷正）→ **絕對值的商**前面寫上「－」號

例題2 請計算下列問題。

(**1**) $(+16) \div (+2) =$　(**2**) $(-56) \div (-8) =$　(**3**) $(+24) \div (-12) =$　(**4**) $(-33) \div (+3) =$

解答

(**1**) $(+16) \div (+2) = +(16 \div 2) = +8 = \mathbf{8}$
正　　正　　　　同號　寫上＋　　＋號可以省略

(**2**) $(-56) \div (-8) = +(56 \div 8) = +7 = \mathbf{7}$
負　　負　　　　同號　寫上＋　　＋號可以省略

(**3**) $(+24) \div (-12) = -(24 \div 12) = \mathbf{-2}$
正　　負　　　異號　寫上－

(**4**) $(-33) \div (+3) = -(33 \div 3) = \mathbf{-11}$
負　　正　　　異號　寫上－

3 正負數的乘法與除法（小數與分數）

小數與分數的計算方式和整數相同。

練習問題

請計算下列問題。

(**1**) $(-2.8) \times (+0.7) =$

(**2**) $\left(-\dfrac{15}{7}\right) \times \left(-\dfrac{28}{9}\right) =$

(**3**) $(-0.57) \div (-1.9) =$

(**4**) $\left(+\dfrac{5}{12}\right) \div (-2.5) =$

解答

(**1**) $(-2.8) \times (+0.7) = -(2.8 \times 0.7) = -1.96$
負　　正　　　異號　寫上－

(**2**) $\left(-\dfrac{15}{7}\right) \times \left(-\dfrac{28}{9}\right) = +\left(\dfrac{\overset{5}{\cancel{15}}}{\underset{1}{\cancel{7}}} \times \dfrac{\overset{4}{\cancel{28}}}{\underset{3}{\cancel{9}}}\right) = +\dfrac{20}{3} = \dfrac{20}{3}$
負　　負　　　同號　寫上＋

(**3**) $(-0.57) \div (-1.9) = +(0.57 \div 1.9) = +0.3 = 0.3$
負　　負　　　同號　寫上＋

※國中數學裡不使用帶分數，所以使用假分數作答即可。

(**4**) $\left(+\dfrac{5}{12}\right) \div (-2.5) = -\left(\dfrac{5}{12} \div \dfrac{\overset{5}{\cancel{25}}}{\underset{2}{\cancel{10}}}\right) = -\left(\dfrac{\overset{1}{\cancel{5}}}{\underset{6}{\cancel{12}}} \times \dfrac{\overset{1}{\cancel{2}}}{\underset{1}{\cancel{5}}}\right) = -\dfrac{1}{6}$
正　　負　　　異號　寫上－

※算式中同時出現小數與分數時，先將小數化成分數後再計算。

4 只有乘法與除法的算式

非常
重要！ 只有乘法與除法的算式中，其基本規則如下：

負數 $\begin{cases} \text{偶數個（2、4、6……）負數連乘除結果為正（＋）} \\ \text{奇數個（1、3、5……）負數連乘除結果為負（－）} \end{cases}$

例題 請計算下列問題。

(1) $-2 \times 6 \times (-5) =$

(2) $-32 \div (-4) \div (-8) =$

(3) $5.8 \times (-0.8) \div (-2) =$

(4) $-\dfrac{19}{6} \div 3.8 \times \left(-\dfrac{8}{9}\right) \div (-10) =$

解答

(1) $-2 \times 6 \times (-5) = + (2 \times 6 \times 5) = \mathbf{60}$

　　負數有2個（偶數個）　結果為＋

(2) $-32 \div (-4) \div (-8) = - (32 \div 4 \div 8) = \mathbf{-1}$

　　負數有3個（奇數個）　結果為－

(3) $5.8 \times (-0.8) \div (-2) = + (5.8 \times 0.8 \div 2) = \mathbf{2.32}$

　　負數有2個（偶數個）　結果為＋

(4) $-\dfrac{19}{6} \div 3.8 \times \left(-\dfrac{8}{9}\right) \div (-10) = - \left(\dfrac{19}{6} \div \dfrac{\overset{19}{38}}{10} \times \dfrac{8}{9} \div \dfrac{10}{1}\right)$

　　負數有3個（奇數個）　結果為－

$$= - \left(\dfrac{\overset{1}{19}}{\underset{3}{6}} \times \dfrac{\overset{1}{5}}{\underset{1}{19}} \times \dfrac{8}{9} \times \dfrac{1}{\underset{1}{10}}\right) = -\dfrac{\mathbf{2}}{\mathbf{27}}$$

✎ **練習問題**

請計算下列問題。

(1) $10 \times (-4) \times (-3) =$

(2) $-1.4 \times 5 \div 0.28 =$

(3) $-62 \times \left(-\dfrac{12}{35}\right) \div \left(-\dfrac{24}{49}\right) \div (-9.3) =$

(4) $-5 \times 0 \div \dfrac{2}{3} \times (-8.1) =$

(1) $10 \times (-4) \times (-3) = + (10 \times 4 \times 3) = 120$

負數有2個
（偶數個）

結果為＋

(2) $-1.4 \times 5 \div 0.28 = - (1.4 \times 5 \div 0.28) = -25$

負數有1個
（奇數個）

結果為－

(3) $-62 \times \left(-\dfrac{12}{35}\right) \div \left(-\dfrac{24}{49}\right) \div (-9.3) = + \left(\dfrac{62}{1} \times \dfrac{12}{35} \div \dfrac{24}{49} \div \dfrac{93}{10}\right)$

負數有4個
（偶數個）

結果為＋

$$= + \left(\dfrac{\overset{1}{\cancel{62}}}{1} \times \dfrac{\overset{1}{\cancel{12}}}{35} \times \dfrac{\overset{7}{\cancel{49}}}{\underset{1}{\cancel{24}}} \times \dfrac{\overset{2}{\cancel{10}}}{\underset{1}{\cancel{93}}}\right)$$

$$= \dfrac{14}{3}$$

(4) $-5 \times 0 \div \dfrac{2}{3} \times (-8.1) = 0$

算式中有「$\times 0$」，所以結果為0

完美解題的關鍵

乘法與除法的算式中有0

練習問題 **（4）** 中，算式中有「$\times 0$」，所以結果為0。

這是由於任何數乘以0，或是0乘以任何數結果都是0的原因。

［例］ $0 \times (-5) = 0$ $-2 \times 0 = 0$

另外，0除以任何數，結果為0。但0不能當除數。

［例］ $0 \div (-3) = 0$
     $-7 \div 0 \rightarrow$ 無法計算

**想了解更多的
數學專欄**

爲什麼0不能當除數？

「任何數都不能除以0」到底是什麼原因呢？

首先，試著來看看「0以外的任何數除以0的情況」。

例如：「$-7 \div 0$」，當假設「$-7 \div 0$」的答案為□時，可以寫成「$-7 \div 0 = □$」。接下來按照除法和乘法互為逆運算的原則，我們將算式改為「$0 \times □ = -7$」。按照定義，「0乘以任何數都是0」，所以可以滿足□的數字並不存在。

那若是0除以0的情況又如何呢？我們再將「$0 \div 0 = □$」的算式改為「$0 \times □ = 0$」來看看。這時候變成任何數都能滿足□，答案不只一個。

看完0與0以外的數，個別除以0的情況後，我們可以從上述原因得知「任何數都不能除以0」。

5 什麼是乘方

判別 $(-3)^2$、$(-3)^2$ 與 $-(-3)^2$ 的不同！

1 什麼是乘方

同一個數連乘若干次，所得到的積稱為此數的乘方。

例如：

7×7 可以簡記成 7^2，讀作「7的2次方」。

$5 \times 5 \times 5$ 可以簡記成 5^3，讀作「5的3次方」。

2次方又可以稱為平方。 [**例**] $7^2 \to 7$的平方

3次方又可以稱為立方。 [**例**] $5^3 \to 5$的立方

5^3 中右上角的小寫數字3稱為指數，是用來表示
連乘的次數。

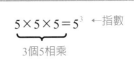

$$5 \times 5 \times 5 = 5^3 \quad \leftarrow 指數$$
$$\underbrace{}_{3個5相乘}$$

例題 1 ◀ 請用乘方記法表示下列各式的值。

(**1**) $8 \times 8 \times 8 \times 8 \times 8 =$ (**2**) $(-2) \times (-2) \times (-2) =$ (**3**) $9.5 \times 9.5 =$ (**4**) $\dfrac{4}{5} \times \dfrac{4}{5} \times \dfrac{4}{5} =$

解答

(**1**) $8 \times 8 \times 8 \times 8 \times 8 = \underline{\mathbf{8^5}}$ (**2**) $(-2) \times (-2) \times (-2) = \underline{(\mathbf{-2})^3}$

(**3**) $9.5 \times 9.5 = \underline{\mathbf{9.5^2}}$ (**4**) $\dfrac{4}{5} \times \dfrac{4}{5} \times \dfrac{4}{5} = \underline{\left(\dfrac{4}{5}\right)^3}$

完美解題的關鍵

要注意底數為負數和分數時，乘方的表示方法！

例題1 的（**2**）當中，指數要記在括號的外面，-2^3 是錯誤的記法。

因為 -2^3 是表示3個2連乘後，再加上負號的意思。

而像 $(-2)^3$ 一樣加上括號的話，才是3個-2連乘的意思。

$$-2^3 = -(2 \times 2 \times 2) \leftarrow 3個2連乘$$

$$(-2)^3 = (-2) \times (-2) \times (-2) \leftarrow 3個-2連乘$$

例題1 的（**4**）當中，指數一樣要記在括號的外面，$\dfrac{4^3}{5}$ 是錯誤的記法。

因為 $\dfrac{4^3}{5}$ 是表示分子4連乘3次的意思。

而像 $\left(\dfrac{4}{5}\right)^3$ 一樣加上括號的話，才是 $\dfrac{4}{5}$ 連乘3次的意思。

$$\dfrac{4^3}{5} = \dfrac{4 \times 4 \times 4}{5} \quad \leftarrow 分子4連乘3次$$

$$\left(\dfrac{4}{5}\right)^3 = \dfrac{4}{5} \times \dfrac{4}{5} \times \dfrac{4}{5} \quad \leftarrow \dfrac{4}{5}連乘3次$$

如此一來，在書寫負數和分數的乘方時，要注意加括號與不加括號，所要表達的意思並不相同。

2 乘方的計算

例題2 請計算下列問題。

（**1**）$-3^2 =$ 　　　　（**2**）$(-3)^2 =$ 　　　　（**3**）$-(-3)^2 =$

解答

（**1**）$-3^2 = -(3 \times 3) = \underset{\sim}{-9}$ 　　　　-3^2是表示2個3連乘的意思。

（**2**）$(-3)^2 = (-3) \times (-3) = \underset{\sim}{9}$ 　　　　$(-3)^2$是表示2個-3連乘的意思。

（**3**）$-(-3)^2 = -[(-3) \times (-3)] = \underset{\sim}{-9}$

✋ **練習問題**

請計算下列問題。

（**1**）$-2^3 \times (-5) =$ 　　　（**2**）$(-6)^2 \times (-1^2) =$ 　　　（**3**）$9^2 \div (-3^3) =$

解答

※ **包含乘方在內的乘法與除法**，要先計算乘方，再計算乘除。

（**1**）
$$\underset{\downarrow 2 \times 2 \times 2}{-2^3} \times (-5) \quad 先計算乘方$$
$$= -\underline{8} \times (-5)$$
$$= 40 \leftarrow 負 \times 負 = 正$$

（**2**）
$$\underset{\downarrow (-6) \times (-6)}{(-6)^2} \times \underset{\downarrow 1 \times 1}{(-1^2)} \quad 先計算乘方$$
$$= \underline{36} \times (-\underline{1})$$
$$= -36 \quad 正 \times 負 = 負$$

（**3**）
$$\underset{\downarrow 9 \times 9}{9^2} \div \underset{\downarrow 3 \times 3 \times 3}{(-3^3)} \quad 先計算乘方$$
$$= \underline{81} \div (-\underline{27})$$
$$= -3 \leftarrow 正 \div 負 = 負$$

6 四則混合運算

非常
重要！ **請依照下列順序計算！**
「乘方→括號→乘、除→加、減」

加法、減法、乘法、除法**合稱為**四則運算。

當加減乘除同時出現在一個算式中，請依照「非常重要！」內的順序作計算。

例題 請計算下列問題。

(1) $-8+4\times(-3)=$　　　**(2)** $12\div(-6+9)=$　　　**(3)** $5+(24-3^3)\times6=$

解答

(1)　$-8+4\times(-3)$
$=-8+(-12)$　　先算乘法
$=\mathbf{-20}$　　加法

(2)　$12\div(-6+9)$
$=12\div3$　　先算括號
$=\mathbf{4}$　　除法

(3)　$5+(24-3^3)\times6$
$=5+(24-27)\times6$　　乘方　$3^3=3\times3\times3=27$
$=5+(-3)\times6$　　括號　$24-27=-3$
$=5+(-18)$　　乘法　$(-3)\times6=-18$
$=\mathbf{-13}$　　加法

 完美解題的關鍵

要注意計算的順序！
四則混合運算時，如果依照由左至右的計算順序，有可能會發生錯誤。
例如：如果將 例題 **(1)** 的計算順序改為由左至右，就會得到下列錯誤的答案。

$-8+4\times(-3)$
$=-4\times(-3)=12$ ← 一旦由左至右就會計算錯誤！

所以，四則混合運算時，請依照「乘方→括號→乘、除→加、減」的順序計算。

練習問題

請計算下列問題。

(1) $-6 \times 5 - 30 \div (-10) =$

(2) $(-11 + 15) \times (5 - 7) =$

(3) $-50 \div [-35 \div (11 - 18)] =$

(4) $-2^5 - 1.5 \times (-4^2 + 6) =$

解答

(1) $= \underline{-6 \times 5} - \underline{30 \div (-10)}$ 先計算乘、除

$= \underline{-30} - (\underline{-3})$

$= -30 + 3$

$= -27$ 加法

(2) $\underline{(-11 + 15)} \times \underline{(5 - 7)}$ 先計算括號

$= 4 \times (-2)$ 乘法

$= -8$

(3) 若算式中包含中括號 [ ]，請先計算小括號 ( )

內的算式，再計算中括號 [ ] 內的算式。

$= -50 \div [-35 \div (11 - 18)]$ 先計算小括號 ( )

$= -50 \div [-35 \div (-7)]$

$= -50 \div 5$ 計算中括號 [ ]

$= -10$ 除法

(4) $-\underline{2^5} - 1.5 \times (-\underline{4^2} + 6)$ 計算乘方

$2 \times 2 \times 2 \times 2 \times 2$ 4×4

$= -\underline{32} - 1.5 \times (-\underline{16} + 6)$ 計算括號

$= -32 - 1.5 \times (-10)$ 乘法

$= -32 + 15$ 加法

$= -17$

1 代數式的表示方法

必須了解代數式的乘法與除法表示規則!

1 代數式乘法的表示方法

有文字符號的數學表達式稱為代數式。

使用代數式表示乘法的結果時,包含下列五項規則:

[規則1]

帶有文字符號的乘法中,文字符號間的乘號「×」可以省略

$$x \times y = xy$$ 「×」可以省略

[規則2]

相乘的結果中帶有文字符號時,大多依照字母排序來書寫

$$c \times b \times a = abc$$
依照字母排序

[規則3]

數字與文字符號相乘時,書寫順序為「數字+文字符號」

$$a \times 8 = 8a$$
順序為「數字+文字符號」(不可寫成$a8$)

[規則4]

同樣的文字符號相乘的結果,可用指數形式來表示

3個y相乘

$$a \times a \times 3 = 3a^2 \qquad x \times x \times x \times y \times y \times y = x^2 y^3$$
2個a相乘　　　　2個x相乘

[規則5]

1與文字符號相乘時,將1省略
−1與文字符號相乘時,只留下「−」號,將1省略

$$1 \times a = a$$ 省略1(不可寫成$1a$)

$$-1 \times x = -x$$ 省略1(不可寫成$-1x$)

 完美解題的關鍵

0.1與0.01中的1不能省略!

[規則5]當中已確認「1與文字符號相乘時,將1省略。−1與文字符號相乘時,只留下『−』號,將1省略。」

但要注意0.1與0.01中的1則不能省略!

$$0.1 \times a = 0.1a$$
0.1的1不能省略(不可以寫成$0.a$)

$$0.01 \times y = 0.01y$$
0.01的1不能省略(不可寫成$0.0y$)

例題 1　請用代數式表示方法書寫下列各式。

(1) $c \times a \times 2 \times b =$

(2) $1 \times y \times x =$

(3) $b \times 0.1 \times b =$

(4) $x \times y \times x \times (-1) =$

(5) $-0.01 \times b \times a \times a \times b =$

代
數
式

解答

(1)　$c \times a \times 2 \times b = \underset{\sim}{\mathbf{2abc}}$

「數字+文字符號」（依照字母排序）

(2) $1 \times y \times x = \underset{\sim}{\mathbf{xy}}$

省略1（不可以寫成$1xy$）

(3)　$b \times 0.1 \times b = \underset{\sim}{\mathbf{0.1b^2}}$

0.1的1不能省略（不可以寫成$0.b^2$）

(4) $x \times y \times x \times (-1) = \underset{\sim}{\mathbf{-x^2y}}$

省略1（不可以寫成$-1x^2y$）

(5)　$-0.01 \times b \times a \times a \times b = \underset{\sim}{\mathbf{-0.01a^2b^2}}$

0.01的1不能省略（不可以寫成$-0.0a^2b^2$）

2 代數式除法的表示方法

使用代數式表示除法的結果時，不要使用「÷」號，**請改**用分數形式書寫。利用右方公式來表示。

例題 2　請用代數式表示方法書寫下列各式。

(1) $a \div 5 =$

(2) $4x \div 7 =$

(3) $-5b \div 2 =$

(4) $3y \div (-4) =$

解答

(1) $a \div 5 = \underset{\sim}{\dfrac{a}{5}}$ ← 運用$\square \div \bigcirc = \dfrac{\square}{\bigcirc}$

(2) $4x \div 7 = \underset{\sim}{\dfrac{4x}{7}}$（也可以寫作$\dfrac{4}{7}x$）

(3) $-5b \div 2 = \dfrac{-5b}{2} = \underset{\sim}{-\dfrac{5b}{2}}$（也可以寫作$-\dfrac{5}{2}b$）

把「$-$」號提到分數前面

(4) $3y \div (-4) = \dfrac{3y}{-4} = \underset{\sim}{-\dfrac{3y}{4}}$（也可以寫作$-\dfrac{3}{4}y$）

把「$-$」號提到分數前面

※當遇到像例題 **(3)**、**(4)** 中 $\dfrac{-\square}{\bigcirc}$ 與 $\dfrac{\square}{-\bigcirc}$ 的分數形式時，請把「$-$」號提到分數前面，以 $-\dfrac{\square}{\bigcirc}$ 的形式作答。

理解了 例題 的解題方式後，請遮住答案，自己試著重新再寫一次。

2 單項式、多項式、次數

必須掌握「單項式的次數」與「多項式的次數」的不同意義!

1 單項式與多項式

像$3a$、$-5x^2$一樣,**由數字與文字符號相乘而得**的式,稱為單項式。

單獨一個數字或一個文字符號,例如y與-2等也是單項式。

像是$3a$的3、$-5x^2$的-5,各項**文字符號前的數字部分**稱為係數。

另外像$3a+4b+8$一樣,**由單項式的和組成的式子**,稱為多項式。

多項式中,由「$+$」號所連結的每個單項式,稱為多項式的項。

單項式的例子 → $\underset{\underset{3為係數}{\uparrow}}{3a}$、$\underset{\underset{-5為係數}{\uparrow}}{-5x^2}$、$y$、$-2$

多項式的例子 → $\underset{\underset{項}{\uparrow}}{3a}+\underset{\underset{項}{\uparrow}}{4b}+\underset{\underset{項}{\uparrow}}{8}$

例題1 請寫出下列多項式中的項與係數。

(1) $3x+5$　　　　　**(2)** $-2a-b+1$　　　　　**(3)** x^2y+5y

解答

(1) $\underset{\underset{項}{\uparrow}}{3x}+\underset{\underset{項}{\uparrow}}{5}$

$3x$ 與 5 為 項,

答案:x 的係數為 3

(3) $\underset{\underset{項}{\uparrow}}{x^2y}+\underset{\underset{項}{\uparrow}}{5y}$

x^2y 與 $5y$ 為項,x^2y 的係數為 1,y 的係

答案:數為 5

(2) $-2a-b+1 = \underset{\underset{項}{\uparrow}}{-2a}+\underset{\underset{項}{\uparrow}}{(-b)}+\underset{\underset{項}{\uparrow}}{1}$

（想成是由單項式的和組成的形式）

答案:$-2a$、$-b$ 與 1 為項,a 的係數為 -2,b 的係數為 -1

2 單項式的次數

單項式中，**相乘的文字符號個數**，稱為此單項式的次數。

例如：**單項式 $3ab$ 為 a 與 b 的**2個文字符號相乘，所以次數為2。

還有，**單項式 $5x^2y$ 為**2個 x 與1個 y，共3個文字符號相乘，所以次數為3。

$$3ab = 3 \times \underline{a} \times \underline{b}$$

2個文字符號→次數為2

$$5x^2y = 5 \times \underline{x} \times \underline{x} \times \underline{y}$$

3個文字符號→次數為3

3 多項式的次數

多項式中，**所有項的次數裡最高的次數**，稱為此多項式的次數。

最高次數為1的稱為1次多項式，**最高次數為**2的稱為2次多項式，**最高次數為**3的稱為3次多項式，以此類推。

例如：試著確認看看多項式 $x^2-5x+6y$ 為幾次式？這個多項式中，所有項的次數裡最高的次數為 x^2 的2次。所以可以知道多項式 $x^2-5x+6y$ 為2次式。

$$x^2 - 5x + 6y = \underline{x^2} + \underline{(-5x)} + \underline{6y}$$

次數2　　次數1　　次數1

最高的次數為2→2次式

例題 2　請回答下列多項式為幾次式。

(1) $-2a+b$ 　　　　(2) $x^2y+3xy^2-7y^2$ 　　　　(3) $a^3b^2-b^4$

解答

(1) $-2a+b$

次數1　次數1

2個項的次數都為1，所以為1次式

答案：1 次式

(2) $x^2y+3xy^2-7y^2 = \underline{x^2y} + \underline{3xy^2} + \underline{(-7y^2)}$

次數3　次數3　　次數2

最高次數為3→3次式

答案：3 次式

(3) $a^3b^2-b^4 = \underline{a^3b^2} + \underline{(-b^4)}$

次數5　　次數4

最高次數為5→5次式

答案：5 次式

完美解題的關鍵

何謂「單項式的次數」與「多項式的次數」的不同意義？

單項式中，相乘的文字符號個數，稱為此單項式的次數。

多項式中，所有項的次數裡最高的次數，稱為此多項式的次數。請掌握兩者的差別。

單項式的例子→ $2xy^2 = 2 \times \underline{x} \times \underline{y} \times \underline{y}$

3個文字符號→次數為3

多項式的例子→ $3x^2 + 2y + 1$

次數2　次數1

最高次數為2→2次式

3 多項式的加法與減法

> 非常重要！
>
> **必須注意**多項式的減法在不加括號時很容易計算錯誤！

1 同類項合併

多項式中，文字符號與指數部分都相同的項，稱爲同類項。例如：$3x$與$4x$，文字符號x的部分相同，所以爲同類項。

可以運用下列公式，把多項式中的同類項合併成1項。

同類項合併公式

$\bigcirc x + \square x = (\bigcirc + \square) x$

[例] $3x + 4x = (3+4) x = \underline{7x}$

$\bigcirc x - \square x = (\bigcirc - \square) x$

[例] $2x - 5x = (2-5) x = \underline{-3x}$

👆 **練習問題** 1

請計算下列問題。

(**1**) $6x + 5x =$

(**2**) $-2a - a =$

(**3**) $8a - b + 15a + 2b =$

(**4**) $-x^2 - 9 - 4x - 7x^2 + 10x - 7 =$

解答

(1) $6x + 5x$
$= (6+5) x$ →運用$\bigcirc x + \square x$
$\quad = (\bigcirc + \square) x$
$= 11x$

(2) $-2a - a$
$= (-2-1) a$ 運用$\bigcirc x - \square x = (\bigcirc - \square) x$
（$-a$的係數為-1）
$= -3a$

(3) $8a - b + 15a + 2b$ 將a的同類項與b的同類項分開
$= 8a + 15a - b + 2b$
$= (8+15) a + (-1+2) b$ 合併同類項
$= 23a + b$

(4) $-x^2 - 9 - 4x - 7x^2 + 10x - 7$ 將同類項分開
$= -x^2 - 7x^2 - 4x + 10x - 9 - 7$ 合併同類項
$= (-1-7) x^2 + (-4+10) x - 16$
$= -8x^2 + 6x - 16$ ← $-8x^2$與$6x$的次數不同，所以無法合併為一項

2 多項式的加法與減法

多項式的加法，直接將括號去掉後，合併同類項。

$[例]$ ①　$(2x+3y)+(5x-7y)$
　　　　　$=2x+3y+5x-7y$ 直接將括號去掉
　　　　　$=(2+5)x+(3-7)y$ 合併同類項
　　　　　$=7x-4y$

PART
2
代數式

多項式的減法，**請依照下列步驟計算。**

①括號前如果是「－」號，去括號時，括號內所有項目要記得改變符號（＋與－）。

②合併同類項。

括號前是「－」號

② $(6x-5y)-(4x+3y)$

> 注意！
> 去括號時改變符號

　　　$=6x-5y-4x-3y$
　　　$=(6-4)x+(-5-3)y$ 合併同類項
　　　$=2x-8y$

🕊 完美解題的關鍵

多項式的減法，必須注意不要犯下粗心的錯誤！

多項式的加法只需要去掉括號後，再合併同類項。所以很簡單。

但是，多項式的減法如果遇到括號前是「－」號的話，去括號時，括號內所有項目需要變號（＋與－）。因為有可能在沒變號的情況下進行運算，而導致計算錯誤。所以要特別注意。

錯誤的解題方法	正確的解題方法
$(6x-5y)-(4x+3y)\to 6x-5y-4x+3y$	$(6x-5y)-(4x+3y)=6x-5y-4x-3y$
×因為沒變號所以錯誤！	○因為有變號所以正確！

✎ 練習問題 2

請計算下列問題。

(1) $(-x-2y)+(15x+5y)=$　　　　　　**(2)** $(7a+3b)-(a-5b)=$

解答

(1) $(-x-2y)+(15x+5y)$ 將括號去掉
　　　$=-x-2y+15x+5y$
　　　$=(-1+15)x+(-2+5)y$ 合併同類項
　　　$=14x+3y$

(2) $(7a+3b)-(a-5b)$
　　　$=7a+3b-a+5b$ 去括號時改變符號
　　　$=(7-1)a+(3+5)b$ 合併同類項
　　　$=6a+8b$

4 單項式的乘法與除法

必須掌握 $\dfrac{5}{4}x$ 的倒數並不是 $\dfrac{4}{5}x$ 而是 $\dfrac{4}{5x}$ 的概念!

1 單項式×數字、單項式÷數字

單項式×數字**時**,**先**將單項式分解爲乘法後,再用數字乘數字計算。

[例] ① $2x \times 3$

$= 2 \times x \times 3$ 將單項式分解為乘法

$= 2 \times 3 \times x$ 重新排列

$= \mathbf{6}x$

② $-6a \times \left(-\dfrac{5}{3}\right)$ 將單項式分解為乘法

$= -6 \times a \times \left(-\dfrac{5}{3}\right)$

$= -\overset{2}{6} \times \left(-\dfrac{5}{3}\right) \times a$ 重新排列並約分

$= \mathbf{10}a$

單項式÷數字**時**,將除法改爲乘法再計算。

[例] ③ $9a \div (-3)$

$= 9a \times \left(-\dfrac{1}{3}\right)$ 將除法改為乘法

$= \overset{3}{9} \times \left(-\dfrac{1}{3}\right) \times a$ 重新排列並約分

$= \mathbf{-3}a$

✍ 練習問題

請計算下列問題。

(1) $3a \times 8 =$

(2) $-5x \times (-8) =$

(3) $\dfrac{1}{3}n \times (-9) =$

(4) $21x \div 3 =$

解答

(1) $3a \times 8$ 將 $3a$ 分解為 $3 \times a$ 後重新排列

$= 3 \times 8 \times a$

$= \underline{24a}$

(2) $-5x \times (-8)$ 將 $-5x$ 分解為 $-5 \times x$ 後重新排列

$= -5 \times (-8) \times x$

$= \underline{40x}$

(3) $\dfrac{1}{3}n \times (-9)$ 重新排列並約分

$= \dfrac{1}{\underset{1}{3}} \times \overset{3}{(-9)} \times n$

$= \underline{-3n}$

(4) $21x \div 3$ 將除法改為乘法

$= 21x \times \dfrac{1}{3}$

$= \overset{7}{21} \times \dfrac{1}{\underset{1}{3}} \times x$ 重新排列並約分

$= \underline{7x}$

2 單項式×單項式、單項式÷單項式

單項式×單項式時，先將單項式分解為乘法後，再用數字乘數字、文字符號乘文字符號的方式計算。

[例] ① $3x \times 7y$　　　　　將單項式分解為乘法

$= 3 \times x \times 7 \times y$　　重新排列

$= 3 \times 7 \times x \times y$　　數字乘數字、文字符號乘文字符號

$= \mathbf{21xy}$

② $-5a \times 6a^2$　　　　將單項式分解為乘法

$= -5 \times a \times 6 \times a \times a$　　重新排列並約分

$= -5 \times 6 \times a \times a \times a$　　數字乘數字、文字符號乘文字符號

$= \mathbf{-30a^3}$

③ $(-3y)^2$　　　　將單項式分解為乘法

$= (-3y) \times (-3y)$　　重新排列

$= (-3) \times (-3) \times y \times y$　　數字乘數字、文字符號乘文字符號

$= \mathbf{9y^2}$

單項式÷單項式時，將能約分的數字與數字、文字符號與文字符號約分後再計算。

[例] ④ $10ab \div (-2b)$　　運用 $□ \div ○ = \dfrac{□}{○}$

$= -\dfrac{10ab}{2b}$　　分解為乘法後，數字與數字、文字符號與文字符號約分

$= -\dfrac{\overset{5}{10} \times a \times \overset{1}{b}}{\underset{1}{2} \times \underset{1}{b}}$

$= \mathbf{-5a}$

⑤ $\dfrac{3}{8}xy \div \dfrac{5}{4}x$　　將文字符號移入分子

$= \dfrac{3xy}{8} \div \dfrac{5x}{4}$　　將除法改為乘法

$= \dfrac{3xy}{8} \times \dfrac{4}{5x}$　　分解為乘法後，數字與數字、文字符號與文字符號約分

$= \dfrac{3 \times x \times y \times 4}{\underset{2}{8} \times 5 \times \underset{1}{x}}$

$= \dfrac{3}{10}y$　$\left(\text{也可以寫成} \dfrac{3y}{10}\right)$

理解了解題方式後，請遮住上列①～⑤題的答案，自己試著重新再算一次。

完美解題的關鍵

$\dfrac{5}{4}x$ 的倒數是 $\dfrac{4}{5}x$ 嗎？還是 $\dfrac{4}{5x}$ 呢？

所謂的倒數，一般而言就是指「分子與分母對調位置後，所得到的新分數。」（請參考下列說明※）

在例⑤中，$\dfrac{5}{4}x$ 的倒數並不是 $\dfrac{4}{5}x$。要是將 $\dfrac{5}{4}x$ 的倒數視為 $\dfrac{4}{5}x$，就會導致錯誤產生，所以要特別注意。

因為 $\dfrac{5}{4}x = \dfrac{5x}{4}$，所以 $\dfrac{5}{4}x$ 的倒數是 $\dfrac{4}{5x}$。

$\boxed{\dfrac{5}{4}x \text{ 的倒數}} \longrightarrow$ 是 $\dfrac{4}{5}x$（不正確）

因為 $\dfrac{5}{4}x = \dfrac{5x}{4}$，倒數是 $\dfrac{4}{5x}$（正確）

※ 倒數的定義：如果兩數相乘的積為 1 時，我們就稱其中一數是另一數的倒數。

5 多項式的乘法與除法

非常
重要!

多項式×數字、多項式÷數字時，必須運用分配律計算！

1 多項式與數字的乘法與除法

多項式與數字相乘時，請運用分配律計
算！

分配律所指的是右圖中的法則。

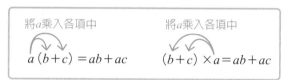

$$a(b+c)=ab+ac \qquad (b+c)\times a=ab+ac$$

[例1]

①　將3乘入各項中
$$3(2x+5y)=3\times 2x+3\times 5y$$
$$=6x+15y$$

②　將−2乘入各項中
$$(4a-7b)\times(-2)=4a\times(-2)+(-7b)\times(-2)$$
$$=-8a+14b$$

多項式與數字相除時，如 [例2] 所示
先將除法改為乘法，再運用分配律
來計算！

[例2]
$$(15x+20)\div 5$$
$$=(15x+20)\times \frac{1}{5} \quad \text{將除法改為乘法}$$
$$=15x\times \frac{1}{5}+20\times \frac{1}{5} \quad \text{運用分配律}$$
$$=3x+4$$

✍ 練習問題

請計算下列問題。

(1) $-5(2x-3)=$ **(2)** $(-3a^2-6a-15)\times\left(-\frac{2}{3}\right)=$ **(3)** $(-x+2y)\div\frac{1}{6}=$

解答

(1) 將−5乘入各項中
$$-5(2x-3)$$
$$=-5\times 2x+(-5)\times(-3)$$
$$=-10x+15$$

(2) 將$-\frac{2}{3}$乘入各項中
$$(-3a^2-6a-15)\times\left(-\frac{2}{3}\right)$$
$$=-3a^2\times\left(-\frac{2}{3}\right)+(-6a)\times\left(-\frac{2}{3}\right)$$
$$+(-15)\times\left(-\frac{2}{3}\right)$$
$$=2a^2+4a+10$$

(3)
$$(-x+2y)\div\frac{1}{6} \quad \text{將除法改為乘法}$$
$$=(-x+2y)\times 6$$
$$=-x\times 6+2y\times 6 \quad \text{運用分配律}$$
$$=-6x+12y$$

2 多項式與數字的乘法應用

例題 請計算下列問題。

(**1**) $2(a-7)+4(2a+1)=$ (**2**) $6(2x+y)-3(2x-9y)=$ (**3**) $\dfrac{3a-1}{2}-\dfrac{a+2}{3}=$

解答

將2乘入各項中   將4乘入各項中

(**1**) $2(a-7)+4(2a+1)$

$=2a-14+8a+4$

$=(2+8)a-14+4$ 合併同類項

$=\mathbf{10a-10}$

將6乘入各項中   將-3乘入各項中

(**2**) $6(2x+y)-3(2x-9y)$

因為$(-3)\times(-9)$
$=+27$所以改變符號

$=12x+6y-6x+27y$

$=(12-6)x+(6+27)y$

$=\mathbf{6x+33y}$

(**3**)   [算式1] $\dfrac{3a-1}{2}-\dfrac{a+2}{3}$ 通分

     [算式2] $=\dfrac{3(3a-1)-2(a+2)}{6}$

改變符號   運用分配律

     [算式3] $=\dfrac{9a-3-2a-4}{6}$

                合併同類項

          $=\dfrac{\mathbf{7a-7}}{\mathbf{6}}$

理解了 **例題** 的解題方式後，請遮住答案，自己試著重新再寫一次。

完美解題的關鍵

熟悉計算方式前，不要省略中間的算式！

如 **例題** (**3**) 所示，遇到需要通分的問題時，
有許多學生會犯下粗心的錯誤，所以要特別注
意！

省略[算式2]，直接從[算式1]跳到[算式3]，
就容易發生像是右方範例中的錯誤。

熟悉計算方式前，不要省略[算式2]，仔細地
寫出中間的算式再計算！

[錯誤範例]

$$\dfrac{3a-1}{2}-\dfrac{a+2}{3}$$

$$=\dfrac{9a-3-2a+4}{6}$$

實際上應該是負號，所以錯誤
（省略中間的算式容易發生錯誤）

6 什麼是代入

非常
重要!

必須先簡化算式，再代入數字！

用數字取代算式中的文字符號，稱為代入。
代入後運算所得的結果，稱為此算式的值。

例題 1 ▶ 若$x=-5$，試求下列各式的值。

(**1**) $2x+7$　　　(**2**) $3-5x$　　　(**2**) x^2　　　(**4**) $\dfrac{15}{x}$

解答

將-5代入x中（取代）

(**1**) $2x+7$
$=2\times(-5)+7$
$=-10+7=\mathbf{-3}$
　　　算式的值
　　　（代入後運算
　　　所得的結果）

將-5代入x中

(**2**) $3-5x$
$=3-5\times(-5)$
$=3+25=\mathbf{28}$

將-5代入x中

(**3**) x^2
$=(-5)^2$
$=(-5)\times(-5)=\mathbf{25}$

將-5代入x中

(**4**) $\dfrac{15}{x}$
$=\dfrac{15}{-5}$
$=\mathbf{-3}$

例題 2 ▶ 若$a=-2$、$b=3$，試求下列各式的值。

(**1**) $-6a-2b$　　　(**2**) $3ab^2$　　　(**3**) $9(a+2b)-7(2a+3b)$

解答

將$a=-2$、$b=3$代入公式中

(**1**) $-6a-2b$
$=-6\times(-2)-2\times3$
$=12-6=\mathbf{6}$

將$a=-2$、$b=3$代入

(**2**) $3ab^2$
$=3\times(-2)\times3^2$　　$3^2=9$
$=3\times(-2)\times9$
$=\mathbf{-54}$

(**3**) 簡化算式後，再代入數字！

運用分配律

$9(a+2b)-7(2a+3b)$
$=9a+18b-14a-21b$
$=-5a-3b$　　合併同類項

將$a=-2$、$b=3$代入

$=-5\times(-2)-3\times3$
$=10-9=\mathbf{1}$

完美解題的關鍵

必須先簡化算式，再代入數字！

例題2（**3**）的問題，作答時必須先簡化算式，再代入數字！

直接將數字代入未簡化的算式中，雖然也能夠算出答案，但就像右方範例一樣，算式會變得相當複雜，因此容易發生錯誤。

將 $a = -2$、$b = 3$ 直接代入

$$9(a+2b) - 7(2a+3b)$$
$$= 9 \times (-2 + 2 \times 3) - 7 \times [2 \times (-2) + 3 \times 3]$$

雖然也能夠算出答案，但算式會變得相當複雜

順便複習前面所學過的代數式運算，並計算下列問題。因為問題的難度加深，如果能正確回答這3題，代表已經能輕鬆掌握目前所學的內容。

練習問題（應用篇）

若 $x = 5$、$y = -3$，試求下列各式的值。

（**1**）$-2(-x+2y) - 3(-2x-5y)$　　（**2**）$-x^2y^3 \div 3xy$　　（**3**）$(x^2-3xy) \div \frac{1}{4}x$

※問題（**3**）為「多項式÷單項式」的運算（屬於3年級的範圍）。但只要結合前面所學過的內容，就能夠算出答案。

解答

（**1**）～（**3**）題都必須先簡化算式，再代入數字！

（**1**）
$$-2(-x+2y) - 3(-2x-5y)$$
運用分配律
$$= 2x - 4y + 6x + 15y$$
合併同類項
$$= 8x + 11y$$
將 $x = 5$、$y = -3$ 代入
$$= 8 \times 5 + 11 \times (-3)$$
$$= 40 - 33 = \underline{7}$$

（**2**）
$$-x^2y^3 \div 3xy$$
運用 $\square \div \bigcirc = \frac{\square}{\bigcirc}$
$$= -\frac{x^2y^3}{3xy}$$
分解為乘法後約分
$$= -\frac{\overset{1}{\cancel{x}} \times x \times \overset{1}{\cancel{y}} \times y \times y}{3 \times \underset{1}{\cancel{x}} \times \underset{1}{\cancel{y}}}$$
$$= -\frac{x \times y \times y}{3}$$
將 $x = 5$、$y = -3$ 代入
$$= -\frac{5 \times (-3) \times (-3)}{3}$$
$$= \underline{-15}$$

（**3**）
$$(x^2-3xy) \div \frac{1}{4}x$$
$\frac{1}{4}x = \frac{x}{4}$
$$= (x^2-3xy) \div \frac{x}{4}$$
將除法改為乘法
$$= (x^2-3xy) \times \frac{4}{x}$$
運用分配律
$$= x^2 \times \frac{4}{x} - 3xy \times \frac{4}{x}$$
分解為乘法後約分
$$= \frac{\overset{1}{\cancel{x}} \times x \times 4}{\underset{1}{\cancel{x}}} - \frac{3 \times \overset{1}{\cancel{x}} \times y \times 4}{\underset{1}{\cancel{x}}}$$
$$= 4x - 12y$$
將 $x = 5$、$y = -3$ 代入
$$= 4 \times 5 - 12 \times (-3)$$
$$= 20 + 36 = \underline{56}$$

7 乘法公式 ①

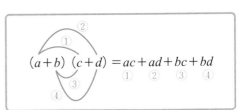

非常重要！ **必須掌握下列2種公式！**

$$(a+b)(c+d)=ac+ad+bc+bd$$
$$(x+a)(x+b)=x^2+(a+b)x+ab$$

1 多項式×多項式

多項式 $(a+b)$ 與多項式 $(c+d)$ 相乘時，省略×，再以 $(a+b)(c+d)$ 來表示。$(a+b)(c+d)$ 則必須依照右方的運算順序。

$$(a+b)(c+d)=\underset{①}{ac}+\underset{②}{ad}+\underset{③}{bc}+\underset{④}{bd}$$

像這樣**將單項式或多項式的乘法算式去掉括號後，以單項式的加法形式來表示**，這個動作稱為展開原式。

例題 1 請展開下列各式。

(1) $(a+3)(b-5)$

(2) $(2x-1)(3x-4)$

解答

(1)

$$(a+3)(b-5)=\underset{①}{ab}-\underset{②}{5a}+\underset{③}{3b}-\underset{④}{15}$$

(2) $(2x-1)(3x-4)$

$$=\underset{①}{6x^2}-\underset{②}{8x}-\underset{③}{3x}+\underset{④}{4}$$

合併同類項（②與③）

$$=6x^2-11x+4$$

🖊 **練習問題 1**

請計算下列問題。

(1) $(a+2b)(4c+3d)$

(2) $(6x-5y)(2x-3y)$

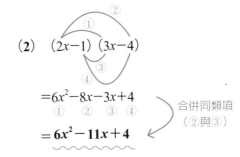

解答

(1) $(a+2b)(4c+3d)=4ac+3ad+8bc+6bd$

(2) $(6x-5y)(2x-3y)$

$$=12x^2-18xy-10xy+15y^2$$

$$=12x^2-28xy+15y^2$$

合併同類項

2 乘法公式之一

展開算式時所運用的公式，稱爲乘法公式。本書中將介紹4種公式，右方公式爲第1種。

$$(x+a)(x+b) = x^2 + \underbrace{(a+b)}_{\substack{a與b \\ 的和}}x + \underbrace{ab}_{\substack{a與b \\ 的積}}$$

例題2 請展開下列各式。

（**1**）$(x+6)(x+2)$

（**2**）$(a-3)(a+11)$

解答

（**1**）$(x+6)(x+2) = x^2 + \underbrace{(6+2)}_{\substack{6與2 \\ 的和}}x + \underbrace{6 \times 2}_{\substack{6與2 \\ 的積}}$

$$= x^2 + 8x + 12$$

（**2**）$(a-3)(a+11) = a^2 + \underbrace{(-3+11)}_{\substack{-3與11 \\ 的和}}a + \underbrace{(-3) \times 11}_{\substack{-3與11 \\ 的積}}$

$$= a^2 + 8a - 33$$

練習問題 2

請展開下列各式。

（**1**）$(x-4)(x-8)$

（**2**）$(y+7)(y-9)$

解答

（**1**）

將$(-4)+(-8)$的+號省略
↓

$(x-4)(x-8) = x^2 + \underbrace{(-4-8)}_{-4與-8的和}x + \underbrace{(-4) \times (-8)}_{-4與-8的積}$

$$= x^2 - 12x + 32$$

（**2**）

將$7+(-9)$的+號省略
↓

$(y+7)(y-9) = y^2 + \underbrace{(7-9)}_{7與-9的和}y + \underbrace{7 \times (-9)}_{7與-9的積}$

$$= y^2 - 2y - 63$$

完美解題的關鍵

忘記公式時的解法之一！

如果忘記第1種乘法公式時，也可以運用$(a+b)(c+d)=ac+ad+bc+bd$的公式來展開。以 練習問題2 中的（**1**）爲例，可以像右方一樣展開。

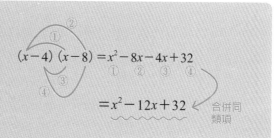

$(x-4)(x-8) = x^2 - 8x - 4x + 32$

$$= x^2 - 12x + 32$$

合併同類項

8 乘法公式 ②

非常
重要！ **必須掌握下列3種公式！**

$(x+a)^2 = x^2 + 2ax + a^2$ $\qquad (x-a)^2 = x^2 - 2ax + a^2$

$(x+a)(x-a) = x^2 - a^2$

3 乘法公式之二、三

我們已於第33頁，介紹了4種乘法公式中的第1種。本單元將學習右方的另外兩種乘法公式。

$$(x+a)^2 = x^2 + \overset{\downarrow}{2ax} + \underline{a^2}$$
$a的2倍 \quad a的2次方$

$$(x-a)^2 = x^2 - \overset{\downarrow}{2ax} + \underline{a^2}$$
$a的2倍 \quad a的2次方$

例題 3 ◀ 請展開下列各式。

（**1**）$(x+8)^2$ （**2**）$(y-5)^2$

解答 ◀

（**1**）$(x+8)^2 = x^2 + \overset{\downarrow}{2 \times 8 \times x} + \underline{8^2}$
$8的2倍 \qquad 8的2次方$

$\qquad = \underline{x^2 + 16x + 64}$

（**2**）$(y-5)^2 = y^2 - \overset{\downarrow}{2 \times 5 \times y} + \underline{5^2}$
$5的2倍 \qquad 5的2次方$

$\qquad = \underline{y^2 - 10y + 25}$

練習問題 3

請展開下列各式。

（**1**）$(x+11)^2$ （**2**）$(a-1)^2$

解答

（**1**）$(x+11)^2 = x^2 + \overset{\downarrow}{2 \times 11 \times x} + \underline{11^2}$
$11的2倍 \quad 11的2次方$

$\qquad = \underline{x^2 + 22x + 121}$

（**2**）$(a-1)^2 = a^2 - \overset{\downarrow}{2 \times 1 \times a} + \underline{1^2}$
$1的2倍 \quad 1的2次方$

$\qquad = \underline{a^2 - 2a + 1}$

4 乘法公式之四

再來，請學習最後一種乘法公式。

$$(x+a)(x-a)=x^2-a^2$$
x的2次方　　a的2次方

例題 4 請展開下列各式。

（1）$(x+6)(x-6)$

（2）$(2a-3)(2a+3)$

解答

（1）$(x+6)(x-6)=x^2-6^2$
　　　　　x的2次方　6的2次方
　　　　　$=x^2-36$

（2）$(2a-3)(2a+3)=(2a)^2-3^2$
　　　　　　　　$2a$的2次方　　3的2次方
　　　　　　　$=4a^2-9$

✍ **練習問題 4**

請展開下列各式。

（1）$(x-9)(x+9)$

（2）$(7+5y)(5y-7)$

解答

（1）$(x-9)(x+9)=x^2-9^2$
　　　　　　x的2次方　9的2次方
　　　　　　$=x^2-81$

（2）$(7+5y)(5y-7)=(5y+7)(5y-7)$
　將7與5y對調　$=(5y)^2-7^2$
　　　　　　　　$5y$的2次方　7的2次方
　　　　　　　　$=25y^2-49$

完美解題的關鍵

忘記公式時的解法之二！

如果忘記本單元中的3種乘法公式時，還是可以運用
$(a+b)(c+d)=ac+ad+bc+bd$
的公式來展開。

例題3 (1)

　$(x+8)^2$　　分解為乘法
$=(x+8)(x+8)$　運用$(a+b)(c+d)$
　　　　　　　$=ac+ad+bc+bd$
$=x^2+8x+8x+64$
$=x^2+16x+64$　合併同類項

例題3 (2)

　$(y-5)^2$　分解為乘法
$=(y-5)(y-5)$　運用$(a+b)(c+d)$
　　　　　　　$=ac+ad+bc+bd$
$=y^2-5y-5y+25$
$=y^2-10y+25$　合併同類項

例題4 (1)

　　　　　　　運用$(a+b)(c+d)$
$(x+6)(x-6)$　$=ac+ad+bc+bd$
$=x^2-6x+6x-36$　合併同類項
$=x^2-36$　$-6x+6x=0$所以消去

四種乘法公式和接下來要學習的因式分解，有著密不可分的關係，因此終究需要把它熟記下來。
但是忘記公式時，就藉由這個方法來解決吧！

1 什麼是方程式

必須掌握等式的五種特性!

1 什麼是方程式

「＝」稱為等號。

用等號表示兩個量或數為相等關係的式子，稱為等式。

等式中，等號「＝」左側的式子稱為左式。

等式中，等號「＝」右側的式子稱為右式。

左式與右式合稱兩式。

舉例來說，在等式$2x+4=10$中，左式、右式與兩
式的位置如右圖所示：

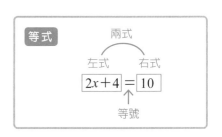

在等式$2x+4=10$中，試著將數字代入x吧!

> 將1代入x

左式則成為$2×1+4=6$，與右式的10不一致。

> 將2代入x

左式則成為$2×2+4=8$，與右式的10不一致。

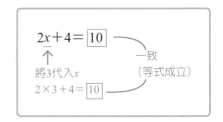

> 將3代入x

左式則成為$2×3+4=10$，與右式的10一致，等式成立。

像「$2x+4=10$」一樣，**根據代入文字符號中的值，來判斷是否成立的等式**，稱為方程
式。

另外，**使方程式成立的值**，就稱為此方程式的解。而**求解**稱為「解方程式」。

上方例子所舉出的方程式$2x+4=10$，其解為3。

等式包含下列幾種特性，所以必須好好掌握。

PART

3

一次方程式

> **等式的特性**
>
> ①若$A=B$，則$A+C=B+C$成立。
>
> ②若$A=B$，則$A-C=B-C$成立。
>
> ③若$A=B$，則$AC=BC$成立。
>
> ④若$A=B$，則$\dfrac{A}{C}=\dfrac{B}{C}$成立。（$C$不等於零）

也就是說，當$A=B$成立時，等式兩邊同時加、減、乘、除以一個數，等式都成立。這就是等式的特性。

 完美解題的關鍵

等式的第5種特性！

除了上述4種特性外，等式還有最後1種特性。

⑤若$A=B$，則$B=A$成立。

也就是，把等式的兩邊交換後，等式依然成立的特性。

舉例來說，若$2x+4=10$，則$10=2x+4$成立。如果能把這些特性記下來，對於解方程式將會有很大的幫助。

2 運用等式特性的方程式解法

運用等式的特性，就能夠解方程式。

例題 試解下列方程式。

（**1**）$x+8=15$

（**2**）$5x=30$

解答

（**1**）$x+8=15$

從等式兩邊同時減一個數，等式依然成立。所以從兩式同時減8，結果為：

$$x+8-8=15-8 \quad \underline{x=7}$$

（**2**）$5x=30$

將等式兩邊同時除以一個數，等式依然成立。所以將兩式同時除以5，結果為：

$$\dfrac{5x}{5}=\dfrac{30}{5} \quad \underline{x=6}$$

理解了 例題 的解題方式後，請遮住答案，自己試著重新再寫一次。

2 運用移項法則的方程式解法

非常
重要!

移項法則 ⎰ 文字符號項**往左式**移
　　　　　⎱ 數字項**往右式**移

第37頁的例題（**1**）中，運用了等式的特性來解方程式「$x+8=15$」。

但是，有時候比起運用等式的特性，藉由移項的思考方式來解方程式，反而更容易。

等式中的任何一項，先改變其符號（＋與－）後，即可從等號的左式移到右式，或是從右式移到左式。這就稱爲移項。

試著運用移項的思考方式來解方程式「$x+8=15$」。

$$x \boxed{+8} = 15$$
$$x \qquad = 15 \boxed{-8} \quad \text{將+改為－後進行移項}$$
$$x = 7$$

如左圖所示，將左式＋8的**性質符號改變後，往右式移項**，即可解方程式。

運用移項的思考方式來解方程式時，將文字符號項往左式移、數字項往右式移，兩式一旦各自進行移項後，幾乎就能順利解出方程式。

例題 試解下列方程式。

（**1**）$2x-3=-9$　　　　（**2**）$-3x+20=2x$　　　　（**3**）$-x+1=-4x-17$

解答

（**1**）**將左式的－3變號後，往右式移項。**

$$2x\boxed{-3}=-9 \quad \text{將－改為＋後進行移項}$$
$$2x \qquad =-9\boxed{+3}$$
$$2x \qquad =-6 \quad \text{計算右式}$$
$$x = 3 \quad \text{兩式同時除以2}$$

（**2**）**將左式的＋20變號後，往右式移項。**

將右式的2x變號後，往左式移項。

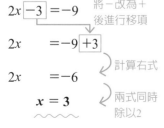

$$-3x\boxed{+20}=\boxed{2x} \quad \text{將文字符號往左式、數字往右式移項}$$
$$-3x\boxed{-2x}=\boxed{-20}$$
$$-5x=-20 \quad \text{計算左式}$$
$$x = 4 \quad \text{兩式同時除以－5}$$

（**3**）**將左式的＋1變號後，往右式移項。**

將右式的－4x變號後，往左式移項。

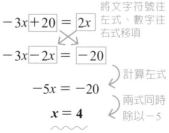

$$-x\boxed{+1}=\boxed{-4x}-17 \quad \text{將文字符號往左式、數字往右式移項}$$
$$-x\boxed{+4x}=-17\boxed{-1}$$
$$3x=-18 \quad \text{計算兩式}$$
$$x = -6 \quad \text{兩式同時除以3}$$

🖐 練習問題

試解下列方程式。

（1）$2x-5(x+4)=16$　　　　（2）$-0.1x+0.24=0.08x-0.3$　　　　（3）$\dfrac{1}{8}x-\dfrac{1}{6}=\dfrac{1}{3}x$

解答

（1）含有括號的方程式，則運用分配律去括號後，再解方程式。

$$2x-5(x+4)=16$$
⟩ 去括號
$$2x-5x-20=16$$
⟩ 將-20往右式移項
$$2x-5x=16+20$$
⟩ 計算兩式
$$-3x=36$$
⟩ 兩式同時除以-3
$$x=-12$$

（2）兩式同時乘以100，把小數化為整數後，再解方程式。

$$-0.1x+0.24=0.08x-0.3$$
⟩ 兩式同時乘以100
$$(-0.1x+0.24)\times100=(0.08x-0.3)\times100$$
⟩ 去括號
$$-10x+24=8x-30$$
⟩ 將24與$8x$移項
$$-10x-8x=-30-24$$
⟩ 計算兩式
$$-18x=-54$$
⟩ 兩式同時除以-18
$$x=3$$

（3）兩式同時乘以分母（8、6、3）的最小公倍數24，再把分數化為整數。這個程序稱為擴分。

$$\dfrac{1}{8}x-\dfrac{1}{6}=\dfrac{1}{3}x$$
⟩ 兩式同時乘以分母的最小公倍數
$$\left(\dfrac{1}{8}x-\dfrac{1}{6}\right)\times24=\dfrac{1}{3}x\times24$$
⟩ 去括號
$$\dfrac{1}{8}x\times24-\dfrac{1}{6}\times24=\dfrac{1}{3}x\times24$$
⟩ 擴分
$$3x-4=8x$$
⟩ 將-4與$8x$移項
$$3x-8x=4$$
⟩ 計算左式
$$-5x=4$$
⟩ 兩式同時除以-5
$$x=-\dfrac{4}{5}$$

🐦 完美解題的關鍵

方程式與多項式解法的差別

下方①與②的式子相當類似：

① $\dfrac{1}{8}x-\dfrac{1}{6}=\dfrac{1}{3}x$　　② $\dfrac{1}{8}x-\dfrac{1}{6}-\dfrac{1}{3}x=$

①為方程式、②為多項式的計算。

方程式中，等號「＝」的左右兩式都存在，而在多項式的計算中則不存在。

①與 練習問題 （3）相同，都屬於方程式，所以將等號兩邊同時乘以24後，就能得解。但是，像「②的錯誤計算範例」一樣，在多項式計算中乘以24後卻無法得解。這是因為在多項式計算中，**將式子乘以24後，答案也會多出24倍**。這就是同時學習多項式以及方程式的人容易混淆的地方，所以要特別小心。

「②的錯誤計算範例」

$$\dfrac{1}{8}x-\dfrac{1}{6}-\dfrac{1}{3}x$$
⟩ 不能乘以24
$$=\left(\dfrac{1}{8}x-\dfrac{1}{6}-\dfrac{1}{3}x\right)\times24$$
$$=3x-4-8x$$
$$=-5x-4 \longleftarrow 答案多出24倍所以✕$$

「②的正確計算範例」

$$\dfrac{1}{8}x-\dfrac{1}{6}-\dfrac{1}{3}x$$
⟩ 通分
$$=\dfrac{3}{24}x-\dfrac{8}{24}x-\dfrac{1}{6}$$
$$=-\dfrac{5}{24}x-\dfrac{1}{6} \longleftarrow 正確答案$$

區分清楚方程式與多項式的計算，注意不要把解法混淆。

3 一次方程式的應用題 1

一次方程式的應用題，**需藉由**3步驟**來解題。**

這裡所出現的方程式，經由移項整理後，可轉換為等號一邊含未知數，而另一邊不含未知數的「（一次式）＝0」形式。這樣的方程式稱為一次方程式。

本單元將介紹一次方程式的應用題。

一次方程式的應用題，需藉由3步驟來解題。

步驟 1	步驟 2	步驟 3
設欲求的事物為x	依題意列方程式	解方程式

例題 若買了5支原子筆與每個120元的橡皮擦6個，共花了1520元，則原子筆一支多少錢？

解答 如下方所示，可藉由3步驟來解題。

步驟 1 設欲求的事物為x

假設原子筆每支x元。

步驟 2 依題意列方程式

若用算式表示（x元的原子筆5支的金額）＋（120元的橡皮擦6個的金額）＝總金額，則可列出下列方程式。

$$\underline{5x} \quad + \quad \underline{120 \times 6} \quad = \quad \underline{1520}$$

原子筆 5支的金額	橡皮擦 6個的金額	總金額

步驟 3 解方程式

$$5x+120\times6 = 1520$$
$$5x+720 = 1520$$
$$5x = 1520-720$$
$$5x = 800$$
$$x = 160$$

計算120×6

將720移項

計算$1520-720$

兩式同時除以5

答案：160元

🖐 練習問題 1

若餅乾1個70元，糖果1個90元，共買了15個，總共花了1210元。請問各買了幾個餅乾和糖果？

解答

如下方所示，可藉由3步驟來解題。

步驟 1 設欲求的事物為 x

假設買了餅乾 x 個。

因為總共買了15個，所以可用 $(15-x)$ 來表示糖果的個數。

步驟 2 依題意列方程式

若用算式表示（70元的餅乾 x 個的金額）＋（90元的糖果 $(15-x)$ 個的金額）＝總金額，則可列出下列方程式。

$$70x \quad + \quad 90(15-x) \quad = \quad 1210$$

餅乾 x個的金額	糖果 $(15-x)$個的金額	總金額

步驟 3 解方程式

$$70x+90(15-x)=1210$$
去括號
$$70x+1350-90x=1210$$
將1350移項
$$70x-90x=1210-1350$$
$$-20x=-140$$
兩式同時除以 -20
$$x=7$$

求得餅乾為7個後，因為總共買了15個，所以糖果的個數為 $15-7=8$ 個。

答案：**餅乾 7 個，糖果 8 個**

完美解題的關鍵

將糖果的個數設為 x 也能夠得到答案！

練習問題1 的解答中，將餅乾的個數設為 x。但如果將糖果的個數設為 x，如下方所示，也能夠得到答案。有信心的人，可以試著不看下方解法，自己解題。

$$90x \quad + \quad 70(15-x) \quad = \quad 1210$$

糖果 x個的金額	餅乾 $(15-x)$ 個的金額	總金額

去括號

$$90x+1050-70x=1210$$
將1050移項
$$90x-70x=1210-1050$$
$$20x=160$$
兩式同時除以20
$$x=8$$

解法

假設買了糖果 x 個。

因為總共買了15個，所以可用 $(15-x)$ 來表示餅乾的個數。

求得糖果為8個後，因為總共買了15個，所以餅乾的個數為 $15-8=7$ 個。

答案：**餅乾 7 個，糖果 8 個**

4 一次方程式的應用題 2

非常
重要！

必須以2種方式表示相同事物，並用等號（＝）連結。

承接前頁內容，本單元將繼續練習各種一次方程式的應用題。

✍ **練習問題 2**

將原子筆分給小朋友，若每人分7支則少12支；若每人分5支則多6支。請問小朋友有幾人，以及原子筆有幾支？

解答

如下方所示，可藉由3步驟來解題。

步驟 1 設欲求的事物為 x

假設小朋友有 x 人。

步驟 2 依題意列方程式

因為每人分7支則少12支，所以可將原子筆的數量表示為（$7x-12$）支。另外，因為每人分5支則多6支，所以又可將原子筆的數量表示為（$5x+6$）支。

以（$7x-12$）與（$5x+6$）這2種方式來表示相同的原子筆數量，所以將這2種方式用等號連結，就能夠列出下列方程式。

（原子筆的數量） ＝ （原子筆的數量）

$$7x - 12 = 5x + 6$$

每人分7支　少12支　　每人分5支　多6支

原子筆的數量
（$7x-12$）支　　少12支

每人分7支

$7×$人數（x）

原子筆的數量
（$5x+6$）支

每人分5支

$5×$人數（x）　多6支

步驟 3 解方程式

$$7x - 12 = 5x + 6$$
$$7x - 5x = 6 + 12$$

將 -12 與 $5x$ 移項

$$2x = 18$$

兩式同時除以2

$$x = 9$$

求得小朋友共有9人後，因為每人分7支則少12支，所以原子筆的數量為 $9×7-12＝51$ 支。

答案：**小朋友 9 人，原子筆 51 支**

💧 **練習問題 3**

健二從家裡出發去公園，8分鐘後，爸爸走路去追他。健二走路的速度是65公尺／分，而爸爸走路的速度是85公尺／分。此時，爸爸出發幾分鐘後可以追上健二？

解答

如下方所示，可藉由3步驟來解題。

步驟 1 設欲求的事物為 x

假設爸爸出發 x 分鐘後可以追上健二。

步驟 2 依題意列方程式

將問題狀況以下圖表示：

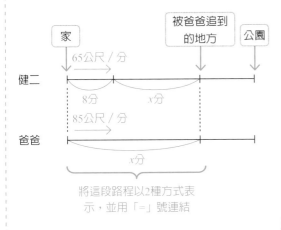

健二以65公尺／分的速度走了 $(x+8)$ 分。因為「速度×時間＝路程」，所以可以用 $65(x+8)$ 來表示健二所走的路程。

另一方面，爸爸以85公尺／分的速度走了 x 分。又「速度×時間＝路程」，所以可以用 $85x$ 來表示爸爸所走的路程。

因為健二所走的路程，與爸爸所走的路程相同。所以可以列出下列方程式。

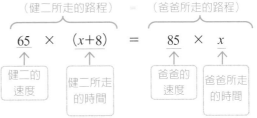

步驟 3 解方程式

$$65(x+8) = 85x \quad \text{去括號}$$
$$65x + 520 = 85x \quad \text{將520與85}x\text{移項}$$
$$65x - 85x = -520$$
$$-20x = -520 \quad \text{兩式同時除以} -20$$
$$x = 26$$

答案：**26 分後**

⚡ **完美解題的關鍵**

必須以2種方式表示相同事物，並用等號（＝）連結！

練習問題2 中，將原子筆的數量以 $7x-12$ 與 $5x+6$ 這2種方式來表示，並用等號（＝）連結。

而在 **練習問題3** 中，將健二被爸爸追到前所走的路程以 $65(x+8)$ 與 $85x$ 這2種方式來表示，並用等號（＝）連結。

所以，在方程式的應用題中，必須以2種方式表示相同事物，並用等號（＝）連結列出方程式。

1 什麼是坐標

必須掌握各種與坐標相關的用詞定義！

一起來看看，如何在平面上表示點的位置！

可以想成在平面上相交成直角的水平數線與垂直數線，如 圖1 所示。

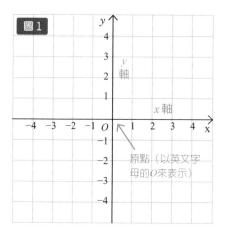

圖1 中，**水平數線**稱為 x 軸，**垂直數線**稱為 y 軸。

另外，**x軸與y軸的交點**稱為原點，通常我們以英文字母的 O 來表示。（請注意並非是數字0。）

在 圖2 中，表示 P 點的位置。

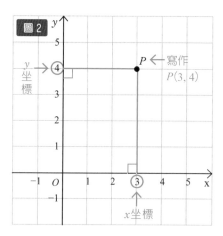

P點的坐標 → P（ 3 ， 4 ）
　　　　　　　　　↑　　↑
　　　　　　　x坐標　y坐標

首先，從 P 起，拉出分別與 x 軸及 y 軸垂直的2條直線（藍線），如 圖2 所示。

P 對應在 x 軸上的刻度為3。這個3就稱為 P 的 x 坐標。

P 對應在 y 軸上的刻度為4。這個4就稱為 P 的 y 坐標。

P 的 x 坐標為3、y 坐標為4，合起來寫作 $(3, 4)$。$(3, 4)$ 就稱為 P 的坐標。

也可以將 P 點寫作 P（3, 4）。

如此一來，**決定 x 軸與 y 軸後，再將點的位置以坐標來表示的平面**，就稱為坐標平面。

完美解題的關鍵

必須掌握各種與坐標相關的用詞定義！

在本單元中，出現許多關於坐標的用詞，可能會讓人感覺到相當困難。

但是，無論是對於教導國中生學習坐標的數學老師，或是在數學參考書當中，這些用詞都被當作是基本常識來使用，為了理解上課的內容與參考書的解說，請務必掌握各種用詞的定義。

練習問題

請依據坐標圖，回答下列問題。

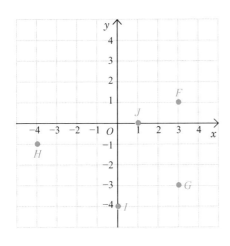

(1) 在左圖的坐標平面上，標示出下列各點的位置。$A(2, 3)$、$B(-1, 4)$、$C(-2, -4)$、$D(0, 2)$、$E(-3, 0)$

(2) 請回答左圖中 F、G、H、I、J 各點的坐標。並且，請回答原點 O 的坐標。

解答

(1) 點 A、B、C、D、E 的位置如下圖所示：

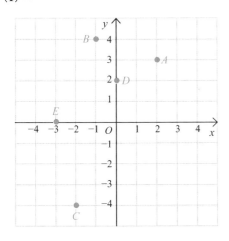

(2) F 點的 x 坐標為 3；y 坐標為 1，所以為 $\underline{F(3, 1)}$

G 點的 x 坐標為 3；y 坐標為 -3，所以為 $\underline{G(3, -3)}$

H 點的 x 坐標為 -4；y 坐標為 -1，所以為 $\underline{H(-4, -1)}$

I 點的 x 坐標為 0；y 坐標為 -4，所以為 $\underline{I(0, -4)}$

J 點的 x 坐標為 1；y 坐標為 0，所以為 $\underline{J(1, 0)}$

原點 O 的 x 坐標與 y 坐標都為 0，所以為 $\underline{(0, 0)}$

2 正比與坐標圖

非常
重要!

必須掌握正比的公式為 $y = ax$！

1 什麼是正比

藉由下列公式表示 x 與 y 時，則稱「x 與 y 成正比」。

> 正比的表示公式 ⟶ $y = ax$

此時，$y = ax$ 的 a 稱為比例常數。例如：$y = 5x$ 的比例常數為 5。

例題 若 x 與 y 的關係為 $y = 3x$ 時，請回答下列問題。

（1）請問是否可以稱 x 與 y 成正比？
（2）請問比例常數為多少？
（3）請在右表中填入適當的 y 值。

x	···	-3	-2	-1	0	1	2	3	···
y	···								···

解答

（1）因為是以 $y = ax$（a 為 3）的公式來表示 x 與 y 的關係，所以可以稱 x 與 y 成正比。

答案：**可以**

（2）$y = 3x$ 的 3 為比例常數。

答案：**3**

（3）當 $y = 3x$ 的 x 用 1 代入時，可以求得 $y = 3 \times 1 = 3$。

再來，當 x 用 -2 代入時，可以求得 $y = 3 \times (-2) = -6$。

如此一來，一旦將 x 用數代入求出 y 值，就可以得到下列答案。

x	···	-3	-2	-1	0	3	6	9	···
y	···	-9	-6	-3	0	3	6	9	···

藉由 例題 （**3**）的表可以得知，x為2倍時y會成為2倍；x為3倍時y也會成為3倍。

x	⋯	-3	-2	-1	0	1	2	3	⋯
y	⋯	-9	-6	-3	0	3	6	9	⋯

藉由$y=ax$的正比關係表示x與y時，x與y則具有下列特性：x為2倍、3倍、4倍、⋯⋯時，y也會成為2倍、3倍、4倍、⋯⋯。

2 正比與坐標圖

在 例題 （**3**）的表當中，若將每個數各自對應到坐標時，就會得到下列結果。

x	⋯	-3	-2	-1	0	1	2	3	⋯
y	⋯	-9	-6	-3	0	3	6	9	⋯

坐標　$(-3,-9)$　$(-2,-6)$　$(-1,-3)$　$(0,0)$　$(1,3)$　$(2,6)$　$(3,9)$

接下來，請將上列各坐標的點標示在坐標平面上，並連成一直線。如此一來，就能畫出$y=3x$的坐標圖，如右圖所示。

如右圖所示，正比的坐標圖成為通過原點的一直線。

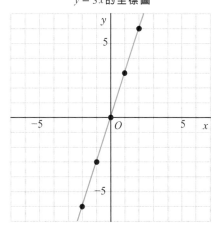

$y=3x$的坐標圖

完美解題的關鍵

從坐標圖可判定比例常數為正數還是負數！

例題 中可看出$y=3x$的比例常數為正數（3），因此坐標圖上的直線由左往右上傾斜。
但是，假設在$y=-3x$，比例常數為負數（-3）的情況下，請注意坐標圖上的直線由左往右下傾斜。

[$y=ax$的坐標圖]

a為正數（$a>0$）時　　　a為負數（$a<0$）時

往右上升的坐標圖　　　　往右下降的坐標圖
（直線由左往右上傾斜）　（直線由左往右下傾斜）

3 反比與坐標圖

必須掌握反比的公式為 $y = \dfrac{a}{x}$

1 什麼是反比

藉由下列公式表示x與y時，則稱「x與y成反比」。

> 反比的表示公式 ➡ $y = \dfrac{a}{x}$

此時，$y = \dfrac{a}{x}$的a與正比同樣都稱為比例常數。例如：$y = \dfrac{6}{x}$的比例常數為6。

例題 若x與y的關係為$y = \dfrac{12}{x}$時，請回答下列問題。

(1) 請問是否可以稱x與y成反比？ (2) 請問比例常數為多少？

(3) 請在下表中填入適當的y值。

x	⋯	−12	−6	−4	−3	−2	−1	0	1	2	3	4	6	12	⋯
y	⋯							×							⋯

解答

(1) 因為是以$y = \dfrac{a}{x}$（a為12）的公式來表示x與y的關係，所以可以稱x與y成反比。

答案：可以

(2) $y = \dfrac{12}{x}$的12為比例常數。

答案：12

(3) 當$y = \dfrac{12}{x}$的x用2代入時，可以求得$y = \dfrac{12}{2} = 6$。

再來，當x用-4代入時，可以求得$y = \dfrac{12}{-4} = -3$。

如此一來，一旦將x用數代入求出y值，就可以得到下列答案。12不可以除以0，所以當x為0時y值用打叉代替。

x	⋯	−12	−6	−4	−3	−2	−1	0	1	2	3	4	6	12	⋯
y	⋯	−1	−2	−3	−4	−6	−12	×	12	6	4	3	2	1	⋯

藉由 例題 (3)的表可以得知，x爲2倍時y會成爲$\frac{1}{2}$倍；x爲3倍時y也會成爲$\frac{1}{3}$倍。

x	$\cdots$	-12	-6	-4	-3	-2	-1	0	1	2	3	4	6	12	$\cdots$
y	$\cdots$	-1	-2	-3	-4	-6	-12	$\times$	12	6	4	3	2	1	$\cdots$

藉由$y=\frac{a}{x}$的反比關係表示x與y時，x與y則具有下列特性：x爲2倍、3倍、4倍、……時，y會成爲$\frac{1}{2}$倍、$\frac{1}{3}$倍、$\frac{1}{4}$倍、……。

2 反比與坐標圖

請試著畫出 例題 中$y=\frac{12}{x}$的坐標圖。

一邊看著 例題 (3)的表，一邊將表中各坐標
的點標示在坐標平面上，並連成一曲線。如
此一來，就能畫出$y=\frac{12}{x}$的坐標圖，如右圖
所示。**關鍵在於連接這些點的並非是直線，**
而是圓滑的曲線。

如右圖所示，反比的坐標圖**成爲**圓滑的
2條曲線，我們將它稱爲雙曲線。

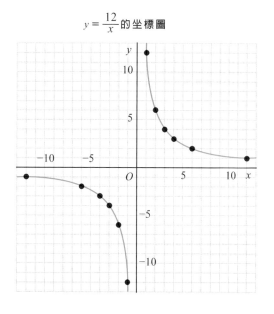

$y=\frac{12}{x}$的坐標圖

完美解題的關鍵

從反比例的坐標圖也可判定比例常數爲正數還
是負數！

正比的坐標圖，當比例常數爲正數時，則爲往
右上升的坐標圖，比例常數爲負數時，則爲往
右下降的坐標圖。
反比也一樣，可以從坐標圖得知比例常數爲正
數還是負數，如右圖所示，所以請注意。

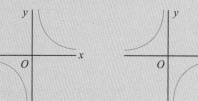

$[y=\frac{a}{x}$的坐標圖$]$

a為正數（$a>0$）時　　　a為負數（$a<0$）時

1 聯立方程式的解法 [1]

非常
重要！

運用加減消去法時，先整理容易計算的部分再解題！

1 加減消去法

$$\begin{cases} 7x+3y=27 \\ 5x+3y=21 \end{cases}$$

如同左式中，**由2個以上的方程式所組成的式子**，稱為聯立方程式。

解聯立方程式有2種方式（加減消去法與代入消去法），本單元首先會說明加減消去法。

加減消去法就是**把兩個方程式相加或相減來消去文字符號的解題方法**。

例題 1 試解下列聯立方程式。

$$\begin{cases} 7x+3y=27\cdots\cdots❶ \\ 5x+3y=21\cdots\cdots❷ \end{cases}$$

解答

利用把❶的$+3y$減去❷的$+3y$變成0的方式來解。

$[(+3y)-(+3y)=0]$

把❶的式子減去❷的式子

$$\begin{array}{r} 7x+3y=27\cdots\cdots❶ \\ -)\ 5x+3y=21\cdots\cdots❷ \\ \hline 2x\quad\ \ =6 \\ x\quad\ \ =3 \end{array}$$

把❶減去❷

兩式同除以2

把$x=3$代回到❷的式子中（$5x+3y=21$）就會得到

$15+3y=21$，$3y=21-15$，

$3y=6$，$y=2$

答案：$x=3$、$y=2$

練習問題 1

試解下列聯立方
程式。

(1) $\begin{cases} 4x-5y=11\cdots\cdots❶ \\ 2x+3y=-11\cdots\cdots❷ \end{cases}$

(2) $\begin{cases} 5x+2y=1\cdots\cdots❶ \\ -8x-3y=-3\cdots\cdots❷ \end{cases}$

解答

(1) 把❷的式子乘以2的話，無論是❶或❷的式子中都會有4x，因此就能用加減消去法來解題。

把❷的式子乘以2，結果如下：

❷　$2x + 3y = -11$
　　↓2倍　↓2倍　↓2倍　　$(2x+3y)\times2=-11\times2$
❷×2　$4x + 6y = -22$

把❶的式子減去❷乘以2的式子

$$\begin{array}{r} ❶ \quad 4x - 5y = 11 \\ ❷\times2 \quad -)\ 4x + 6y = -22 \\ \hline -11y = 33 \\ y = -3 \end{array}$$ 兩式同除以−11

把$y=-3$代回到❷的式子中
就會得到

$2x-9=-11$
$2x=-11+9$
$2x=-2$
$x=-1$

答案：$x=-1$、$y=-3$

(2) 把❶的式子乘以3、❷的式子乘以2的話，就會得到$+6$與-6，因此就能用加減消去法來解題。

把❶的式子乘以3、❷的式子乘以2，兩式的結果如下：

❶　$5x + 2y = 1$
　　↓3倍　↓3倍　↓3倍
❶×3　$15x + 6y = 3$

❷　$-8x - 3y = -3$
　　↓2倍　↓2倍　↓2倍
❷×2　$-16x - 6y = -6$

把❶乘以3的式子加上❷乘以2的式子

$$\begin{array}{r} ❶\times3 \quad 15x + 6y = 3 \\ ❷\times2 \quad +)\ 16x - 6y = 6 \\ \hline x = 3 \\ x = 3 \end{array}$$ 兩式同除以−1

把$x=3$代回到❶的式子中
就會得到

$15+2y=1$，$2y=1-15$，
$2y=-14$，$y=-7$

答案：$x=3$、$y=-7$

⚡ **完美解題的關鍵**

先整理容易計算的部分再解題！

練習問題1 的第**(2)**題中，把y係數的絕對值整理成6後再進行解題。但是也可以把x係數的絕對值整理成40再來解題。

如此一來，把x係數的絕對值整理成40也能解出答案。但是數字變大後也比較難解。所以請先考慮整理x與y哪一邊的係數會比較容易計算後，再來解題。

$$\begin{array}{r} ❶\times8 \quad 40x + 16y = 8 \\ ❷\times5 \quad +)\ -40x - 15y = -15 \\ \hline y = -7 \end{array}$$

2 聯立方程式的解法 2

能妥善選擇加減消去法或代入消去法來解題！

2 代入消去法

代入消去法就是**將其中一式代入另一式來消去文字符號的解題方法**。

例題2 試解下列聯立方程式。

$$(1)\begin{cases} x=3y-8\cdots\cdots❶ \\ 2x+5y=6\cdots\cdots❷ \end{cases} \qquad (2)\begin{cases} 5x-2y=-6\cdots\cdots❶ \\ x-10=2y\cdots\cdots❷ \end{cases}$$

解答

(1) 把❶式代入❷式中消去x並解題。

把❶式代入❷式就會得到

$$2(3y-8)+5y=6$$

$$6y-16+5y=6 \qquad \text{去括號}$$

$$6y+5y=6+16，11y=22，y=2$$

把$y=2$代回到❶式中就會得到

$$x=3\times2-8=6-8=-2$$

答案：$x=-2$、$y=2$

$$\begin{cases} x=3y-8\cdots\cdots❶ \\ 2\,ⓧ+5y=6\cdots\cdots❷ \end{cases} \text{加上括號代入}$$

(2) 把❷式代入❶式中消去y並解題。

把❷式代入❶式就會得到

$$5x-(x-10)=-6$$

$$5x-x+10=-6 \qquad \text{去括號}$$

$$5x-x=-6-10，4x=-16，x=-4$$

把$x=-4$代回到❷式中就會得到

$$2y=-4-10=-14$$

$$y=-7$$

答案：$x=-4$、$y=-7$

$$\begin{cases} x-10=2y\cdots\cdots❷ \\ 5x-ⓨ=-6\cdots\cdots❶ \end{cases} \text{加上括號代入}$$

3 各種聯立方程式

到目前已經知道加減消去法與代入消去法等解聯立方程式的方法。

現在起，請試著使用這些方法來解各種聯立方程式。

練習問題 2

試解下列聯立方程式。

(1) $\begin{cases} -2(2x+7y)-3y=2 \cdots \text{❶} \\ x=-5y-2 \cdots \text{❷} \end{cases}$

(2) $\begin{cases} 0.5x+0.7y=-0.3 \cdots \text{❶} \\ \dfrac{5}{6}x+\dfrac{8}{9}y=2 \cdots \text{❷} \end{cases}$

解答

(1) →含有括號的聯立方程式

把❶式的括號去掉並作整理，再使用代入消去法解題。

把❶式的括號去掉就會得到

$$-4x-14y-3y=2$$
$$-4x-17y=2 \cdots \text{❸}$$

把❷式代入❸式就會得到

$$-4(-5y-2)-17y=2$$
$$20y+8-17y=2 \quad \Big\rbrace \text{去括號}$$
$$20y-17y=2-8 \text{、} 3y=-6 \text{、} y=-2$$

把 $y=-2$ 代回到❷式中就會得到

$$x=-5\times(-2)-2=10-2=8$$

答案：$x=8$、$y=-2$

(2) →含有小數或分數的聯立方程式

把❶與❷的係數化為整數，再使用加減消去法解題。

把❶的兩式乘以10就會得到

❶	$0.5x$	$+$	$0.7y$	$=$	-0.3
	↓10倍		↓10倍		↓10倍
❶×10	$5x$	$+$	$7y$	$=$	-3 ←將它設為第❸式

接下來，把❷的兩式乘以6和9的最小公倍數18，讓分母消去。

❶	$\dfrac{5}{6}x$	$+$	$\dfrac{8}{9}y$	$=$	2
	↓$\frac{5}{6}\times18=15$		↓$\frac{8}{9}\times18=16$		↓$2\times18=36$
❷×18	$15x$	$+$	$16y$	$=$	36 ←將它設為第❹式

把❸乘以3的式子減去❹的式子

❸×3	$15x+21y=-9$
❹	$-)\ 15x+16y=\ \ 36$
	$5y=-45$
	$y=-9$

把 $y=-9$ 代回到❸的式子中就會得到

$$5x+7\times(-9)=-3$$
$$5x-63=-3$$
$$5x=-3+63=60$$
$$x=12$$

答案：$x=12$、$y=-9$

完美解題的關鍵

能妥善選擇加減消去法或代入消去法來解題！

練習問題2 的第 **(1)** 題是使用代入消去法來解題，但是也可以使用加減消去法來解題。

把❶式的括號去掉並作整理，就會得到

$$-4x-17y=2 \cdots \text{❸}$$

把❷式中右式的 $-5y$ 往左式移項，就會得到

$$x+5y=-2 \cdots \text{❹}$$

計算❸+❹×4

❸	$-4x-17y=\ \ 2$
❹×4	$+)\ \ \ 4x+20y=-8$
	$3y=-6$
	$y=-2$ （以下相同）

如此一來，幾乎所有的聯立方程式都可以選擇使用代入消去法或是加減消去法，任一種方法來解題。但是請妥善考慮選擇哪一種方法才會比較容易解題。

3 聯立方程式的應用題

非常重要！

用3步驟**解**聯立方程式的應用題！

1 聯立方程式的應用題（金額）

請用右方的3個步驟來解聯立方程式的應用題。

> 步驟 **1** 設欲求的事物為x與y
>
> 步驟 **2** 依題意列出聯立方程式（2個方程式）
>
> 步驟 **3** 解聯立方程式

例題 ◀ 若布丁1個300元，奶油泡芙1個200元，共買了11個，總共花了2500元。請問各買了幾個布丁和奶油泡芙？

解答 ◀ 如下方所示，可用3步驟來解題。

步驟 **1** 設欲求的事物為x與y

假設買了布丁x個、泡芙y個。

步驟 **2** 依題意列出聯立方程式（2個方程式）

因為布丁x個、泡芙y個加起來總共買了11個，所以可列出$x+y=11$……❶

300元的布丁x個的金額為$300×x=300x$（元）

200元的奶油泡芙y個的金額為$200×y=200y$（元）

因為加起來總共花了2500元，所以可列出$300x+200y=2500$……❷

根據上述內容，可以列出右方的聯立方程式。 $\begin{cases} x+y=11……❶ \\ 300x+200y=2500……❷ \end{cases}$

步驟 **3** 解聯立方程式

把❷的兩式除以100就會得到

$3x+2y=25$……❸

※請對照第55頁的解題關鍵

計算❶×3－❸

$$\begin{array}{ll} ❶×3 & 3x+3y=33 \\ ❸ & -)\ 3x+2y=25 \\ \hline & y=8 \end{array}$$

把$y=8$代回❶就會得到

$x+8=11$ $x=11-8=3$

答案：布丁3個，奶油泡芙8個

完美解題的關鍵

將兩式整除成為較小的數字再計算！

例題 的聯立方程式也可以藉由加減消去法來解題，如下：

$$計算❶×300－❷$$

$$
\begin{array}{r}
❶×300 \quad 300x+300y=3300 \\
❷ \quad -)\,300x+200y=2500 \\
\hline
100y=800 \\
y=8
\end{array}
$$

但是，如此一來數字就會變大，所以就容易計算錯誤，也相當耗時。

另外，例題 的解答中※的部分，把❷的式子除以100，讓式子變簡單後，就可以運用加減消去法來解題。

根據上述內容可得知，每個係數的數字越小，就越容易計算。只不過，這個方法僅限於使用在式子中的兩式都能除以同一個數時。

2 聯立方程式的應用題（速度）

練習問題

從A地出發走向1400公尺之外的B地。一開始先以120公尺／分的速度來跑，中途改以80公尺／分的速度步行，全程共耗費15分鐘。請問跑步與步行的路程各為多少公尺？

解答：　如下方所示，可用3步驟來解題。

步驟 1 設欲求的事物為x與y

假設跑步的路程為x公尺，步行的路程為y公尺。

步驟 2 依題意列出聯立方程式（2個方程式）

將問題狀況以下圖表示。

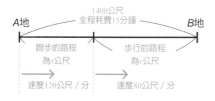

・首先，依照路程列出方程式。因為跑步的路程（x）與步行的路程（y）合計為1400公尺，所以

$$x+y=1400\cdots\cdots❶$$

・接下來，依照時間列出方程式。以120公尺／分的速度跑了x公尺的路程，由於「時間＝路程÷速度」，所以跑步的時間為

$$x\div120=\frac{x}{120}（分）$$

並且以80公尺／分的速度步行了y公尺的路程。由於「時間＝路程÷速度」，所以步行的時間為

$$y\div80=\frac{y}{80}（分）$$

跑步與步行的時間共耗費15分鐘。所以

$$\frac{x}{120}+\frac{y}{80}=15\cdots\cdots❷$$

根據上述內容可以列出右方的聯立方程式。

$$
\begin{cases}
x+y=1400\cdots\cdots❶ \\
\dfrac{x}{120}+\dfrac{y}{80}=15\cdots\cdots❷
\end{cases}
$$

步驟 3 解聯立方程式

把❷的式子乘以120和80的最小公倍數240，讓分母消去，就會得到$2x+3=3600\cdots\cdots❸$

$$計算❸－❶×2$$

$$
\begin{array}{r}
❸ \quad 2x+3y=3600 \\
❶×2 \quad -)\,2x+2y=2800 \\
\hline
y=800
\end{array}
$$

把$y=800$代回到❶的式子中就會得到

$$x+800=1400$$
$$x=1400-800=600$$

答案：跑步的路程 600 公尺，走路的路程 800 公尺

1 一次函數與圖形

非常
重要！

用3步驟**畫出**一次函數圖形！

1 什麼是一次函數

藉由右方公式表示x與y時，則稱「y為x的一次函數」。

此時，$y=ax+b$中的a稱為斜率，b稱為y截距。例如，假設$y=-2x-3$的話，斜率則為-2、y截距則為-3。

一次函數式→$y = ax + b$

$$y = a\,x + b$$
斜率　　y截距

2 一次函數圖形的畫法

可以用3步驟畫出一次函數圖形。

步驟 1 一次函數$y=ax+b$的圖形通過$(0, b)$
（例如：假設是$y=3x+2$的圖形則通過$(0, 2)$）

步驟 2 將適當的整數代入x中，就能找到直線通過的點（另一點）

步驟 3 將兩點連接成一直線

🐦 完美解題的關鍵

一次函數$y=ax+b$的圖形通過$(0, b)$的理由！

說明關於上述**步驟 1**中「一次函數$y=ax+b$的圖形通過$(0, b)$」的理由。

一旦將0代入$y=ax+b$的x中，將如下方所示：
$y=a\times0+b=b$

因此，$y=ax+b$的圖形通過$(0, b)$。這表示圖形和y軸的交點。

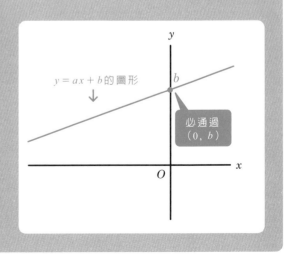

$y=ax+b$的圖形
↓

必通過
$(0, b)$

例題 請畫出$y=2x-4$的圖形。

解答 可以用3步驟畫出$y=2x-4$的圖形。

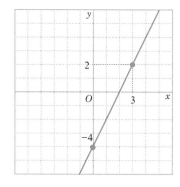

步驟 1 一次函數$y=ax+b$的圖形通過$(0, b)$
$y=2x-4$的圖形則通過$(0, -4)$。

步驟 2 將適當的整數代入x中，就能找到直線通過的點（另一點）

例如：將3代入$y=2x-4$的x中就會得到$y=2×3-4=2$
這表示$y=2x-4$的圖形通過$(3, 2)$。

步驟 3 將兩點連接成一直線

將上面2步驟所求出的$(0, -4)$與$(3, 2)$連接成一直線，就能
畫出$y=2x-4$的圖形，如上圖所示。

練習問題

請畫出$y=-\dfrac{3}{4}x+1$的圖形。

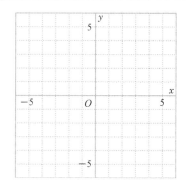

解答

可以用3步驟畫出$y=-\dfrac{3}{4}x+1$的圖形。

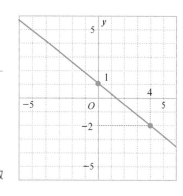

步驟 1 一次函數$y=ax+b$的圖形通過$(0, b)$

$y=-\dfrac{3}{4}x+1$的圖形通過$(0, 1)$。

步驟 2 將適當的整數代入x中，就能找到直線通過的點（另一
點）

將4代入$y=-\dfrac{3}{4}x+1$的x中就會得到$y=-\dfrac{3}{4}×4+1=-3+1=-2$

這表示$y=-\dfrac{3}{4}x+1$的圖形通過$(4, -2)$。

※依照此次練習問題的情況，為了讓y值化為整數，則必須將4的倍數
代入x中。

步驟 3 將兩點連接成一直線

將上面2步驟所求出的$(0, 1)$與$(4, -2)$連接成一直線，就能畫出$y=-\dfrac{3}{4}x+1$的圖形，如上方所示。

2 求一次函數式的方法

非常
重要!

將一次函數式放入$y = ax + b$中解題!

一起來解開求一次函數式的問題。

例題1 若函數圖形的斜率為-3,且通過點$(1,-5)$,求此一次函數式。

解答

由於函數圖形的斜率為-3,所以可用$y = -3x + b$來表示此一次函數式。

如果能知道b,就能求出此一次函數。

由於函數圖形通過點$(1,-5)$,所以將$x = 1$、$y = -5$代入$y = -3x + b$中,就會得到

$-5 = -3 \times 1 + b$

$-5 = -3 + b$

$b = -5 + 3 = -2$

所以此一次函數式為$y = -3x - 2$

 完美解題的關鍵

藉由函數圖形來求直線函數式的3步驟!

接下來,例題2 中將出現藉由函數圖形求直線

函數式的問題,請用3步驟來解題。

步驟 1 將所求的一次函數放入$y = ax + b$中

步驟 2 因為直線函數的圖形與y軸相交於點$(0, b)$,所以可以求出b

步驟 3 找出直線函數的圖形所通過的點,並將點坐標代入求出a

例題2 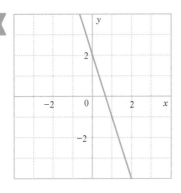 試求左圖的直線函數式。

步驟 1 將所求的一次函數放入$y=ax+b$中

如果能知道a與b的值，就能求出此一次函數式。

步驟 2 因為直線函數的圖形與y軸相交於點$(0, b)$，所以可以求出b

由於直線函數的圖形與y軸相交於點$(0, 2)$，所以b為2，因此可用$y=ax+2$來表示。

步驟 3 找出直線函數的圖形所通過的點，並將點坐標代入求出a

看到直線函數的圖形，就會知道圖形通過點$(1, -1)$，所以將$x=1$、$y=-1$代入$y=ax+2$中，就會得到

$-1=a\times1+2$

$a=-1-2=-3$

$a=-3$所以直線函數式為$y=-3x+2$

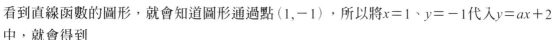

PART
6
一次函數

完美解題的關鍵

藉由2點坐標來求直線函數式的3步驟！

接下來，**例題3**中將出現藉由兩點坐標求直線函數式的問題，請用3步驟來解題。

步驟 1 將所求的一次函數放入$y=ax+b$中

步驟 2 將兩點坐標分別代入$y=ax+b$中，並列出聯立方程式

步驟 3 解聯立方程式，求出直線函數式

例題 y為x的一次函數，它的函數圖形通過$(-1, -5)$與$(2, 7)$兩點，試求此一次函數式。

解答

步驟 1 將所求的一次函數放入$y=ax+b$中

如果能知道a與b的值，就能求出此一次函數。

步驟 2 將兩點坐標分別代入$y=ax+b$中，並列出聯立方程式

由於函數圖形通過點$(-1, -5)$，所以將$x=-1$、$y=-5$代入$y=ax+b$中，就會得到

$-5=-a+b$ ……❶

由於函數圖形通過點$(2, 7)$，所以將$x=2$、$y=7$代入$y=ax+b$中，就會得到

$7=2a+b$ ……❷

步驟 3 解聯立方程式，求出直線函數式

解❶與❷的聯立方程式，就會得到

$a=4$、$b=-1$

所以直線函數式為$y=4x-1$

3 交點坐標的求法

求兩直線的交點坐標**必須解**聯立方程式。

例題1 已知有兩直線,其直線函數式分別爲 $y=-x+2$ 與 $y=2x-3$,求兩直線的交點坐標。

解答

將兩個直線函數式 $y=-x+2$ 與 $y=2x-3$,設爲下列聯立方程式,並解聯立方程式。所求得的 x、y 即爲交點坐標。

$$\begin{cases} y=-x+2 \cdots\cdots \text{❶} \\ y=2x-3 \cdots\cdots \text{❷} \end{cases}$$

以代入消去法解聯立方程式。

❶式爲 $y=-x+2$,因此將❷的 y 以 $-x+2$ 代入,就會得到

$$-x+2=2x-3$$
$$-x-2x=-3-2$$
$$-3x=-5$$
$$x=\frac{5}{3}$$

將 $x=\frac{5}{3}$ 代回到❶式中,就會得到

$$y=-\frac{5}{3}+2=\frac{1}{3}$$

答案:$\left(\frac{5}{3}, \frac{1}{3}\right)$

完美解題的關鍵

藉由函數圖形來求兩直線交點的2步驟!
接下來,**例題2** 中將出現藉由函數圖形來求兩直線交點的問題,請用2步驟來解題。

步驟 1 分別求出兩直線函數式

步驟 2 解兩直線函數式的聯立方程式,來求交點坐標

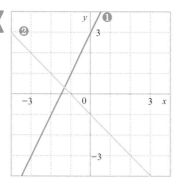

例題2　試求左圖中直線❶與❷的交點坐標。

解答

步驟 1 分別求出兩直線函數式

❶的直線通過點$(0,3)$，所以可知$y=ax+3$。

❶的直線通過點$(-2,-1)$。

所以將$x=-2$、$y=-1$代入$y=ax+3$中，就會得到

$-1=-2a+3$

解此方程式，即可求出$a=2$，因此❶的直線函數式為$y=2x+3$。

❷的直線通過點$(0,-1)$，所以可知$y=ax-1$。

❷的直線通過點$(1,-2)$。

所以將$x=1$、$y=-2$代入$y=ax-1$中，就會得到

$-2=a-1$

解此方程式，即可求出$a=-1$，因此❷的直線函數式為$y=-x-1$

步驟 2 解兩直線函數式的聯立方程式，來求交點坐標

依據 步驟1 的結果，可列出下列聯立方程式。

$$\begin{cases} y=2x+3\cdots\cdots❶ \\ y=-x-1\cdots\cdots❷ \end{cases}$$

將❶式代入❷式中，就會得到

$2x+3=-x-1$，$2x+x=-1-3$，$3x=-4$，$x=-\dfrac{4}{3}$

$x=-\dfrac{4}{3}$代回到❶式中，就會得到

$y=2\times\left(-\dfrac{4}{3}\right)+3=-\dfrac{8}{3}+3=\dfrac{1}{3}$　　　答案：$\left(-\dfrac{4}{3},\dfrac{1}{3}\right)$

理解了 例題 的解題方式後，請遮住答案，自己試著重新再寫一次。

1 什麼是平方根

必須掌握每個正數都有2個平方根!

1 什麼是平方根

當數a為某數的2次方**時,我們就稱某數為**a的平方根。

例如,5的2次方為$5^2=25$。

而-5的2次方也為$(-5)^2=25$。

所以25的平方根為5與-5。

$$5與-5 \xrightarrow{\text{2次方}} \underleftarrow{\text{平方根}} 25$$

如此一來,可知每個正數都有2個平方根,而且這2個平方根的絕對值相等而符號相反。

例如,25的平方根為5與-5,絕對值都為**5**,但符號相反。

例題 1 試求下列各數的平方根。

(**1**) 64   (**2**) $\dfrac{36}{49}$ (**3**) 0

解答

(**1**) $8^2=64$、$(-8)^2=64$,所以64的平方根為**8與-8**。

(**2**) $\left(\dfrac{6}{7}\right)^2=\dfrac{36}{49}$、$\left(-\dfrac{6}{7}\right)^2=\dfrac{36}{49}$,所以$\dfrac{36}{49}$的平方根為$\dfrac{6}{7}$與$-\dfrac{6}{7}$。

(**3**) $0^2=0$,所以0的平方根為 **0**。

從 例題1 的第 (**3**) 題中可以得知,0的平方根為0。

另外,因為任何數的平方都不會變成負,所以負數沒有平方根。

2 $\sqrt{}$（根號）的使用法則

當a為正數時，a的平方根有2個，正、負各1。

a的2個平方根中，

將正的一方以 $\sqrt{a}$ 表示（讀作根號a）

負的一方以 $-\sqrt{a}$ 表示（讀作負根號a）

$\sqrt{}$ 稱為**平方根**，讀作根號。

另外$\sqrt{a}$與$-\sqrt{a}$合在一起，也可以用$\pm\sqrt{a}$來表示。（讀作正負根號a）

> **例題2** 試求下列各數的平方根，必要時請使用根號表示。

（1）2
（2）4

> 解答

（1）2的平方根為$\sqrt{2}$與$-\sqrt{2}$（或是$\pm\sqrt{2}$）

（2）4的平方根為**2**與**－2**（或是±2）

完美解題的關鍵

不用$\sqrt{}$就能表示的時候，請不要使用$\sqrt{}$！

請注意 **例題2** 的第（2）題中，若是用$\sqrt{4}$與$-\sqrt{4}$（或是$\pm\sqrt{4}$）當作4的平方根來回答問題時，答案會是錯誤的。

這是因為，4的平方根就算不用$\sqrt{}$，也可以用整數2與－2（或是±2）來表示。$\sqrt{}$中的數如果是某整數的2次方，不使用$\sqrt{}$就能表示。以$\sqrt{4}$為例，4為「2的2次方」，所以不用「$\sqrt{4}$」，用「2」就能表示。

因此不用$\sqrt{}$就能表示的時候，請不要使用$\sqrt{}$。

練習問題

試求下列各數的平方根，必要時請使用根號表示。

（1）100
（2）10
（3）3.6
（4）0.09
（5）$\dfrac{2}{3}$

解答

（1）100的平方根為10與－10（或是±10）

（2）10的平方根為$\sqrt{10}$與$-\sqrt{10}$（或是$\pm\sqrt{10}$）

（3）3.6的平方根為$\sqrt{3.6}$與$-\sqrt{3.6}$（或是$\pm\sqrt{3.6}$）

（4）0.09的平方根為0.3與－0.3（或是±0.3）

（5）$\dfrac{2}{3}$的平方根為$\sqrt{\dfrac{2}{3}}$與$-\sqrt{\dfrac{2}{3}}$（或是$\pm\sqrt{\dfrac{2}{3}}$）

2 不用√表示

非常
重要!

請掌握 $(\sqrt{a})^2$ **與** $(-\sqrt{a})^2$ **兩者都是** a !

例如，$\sqrt{36}$是用來表示36的正平方根，所以$\sqrt{36}=6$。

$-\sqrt{36}$是用來表示36的負平方根，所以$-\sqrt{36}=-6$。

如此一來，有的時候不用根號（$\sqrt{}$）也能夠表示平方根。

例題 1 請不用根號表示下列各數。

(1) $\sqrt{9}$ (2) $-\sqrt{16}$

解答

(1) $\sqrt{9}$ 是用來表示9的正平方根，所以$\sqrt{9} = \underset{\sim}{3}$

(2) $-\sqrt{16}$是用來表示16的負平方根，所以$-\sqrt{16} = \underset{\sim}{-4}$

✍ 練習問題 1

請不用根號表示下列各數。

(1) $\sqrt{81}$ (2) $-\sqrt{25}$ (3) $\sqrt{0.64}$ (4) $-\sqrt{\dfrac{49}{100}}$

解答

(1) $\sqrt{81}$ 是用來表示81的正平方根，所以$\sqrt{81} = \underset{\sim}{9}$

(2) $-\sqrt{25}$ 是用來表示25的負平方根，所以$-\sqrt{25} = \underset{\sim}{-5}$

(3) $\sqrt{0.64}$ 是用來表示0.64的正平方根，所以$\sqrt{0.64} = \underset{\sim}{0.8}$

(4) $-\sqrt{\dfrac{49}{100}}$是用來表示$\sqrt{\dfrac{49}{100}}$的負平方根，所以$-\sqrt{\dfrac{49}{100}} = \underset{\sim}{-\dfrac{7}{10}}$

完美解題的關鍵

請掌握平方根的2種形式！

舉例來說，7的平方根為$\sqrt{7}$與$-\sqrt{7}$。
也就是說，$\sqrt{7}$與$-\sqrt{7}$無論哪一個的2次方
都是7。

$$(\sqrt{7})^2 = 7 \qquad (-\sqrt{7})^2 = 7$$

從這個例子可以得知下列式子成立。

$$(\sqrt{a})^2 = a \qquad (-\sqrt{a})^2 = a$$

$$\sqrt{a} \text{與} -\sqrt{a} \xrightarrow[\text{平方根}]{\text{2次方}} a$$

例題2 請不用根號表示下列各數。

(1) $(\sqrt{3})^2$ **(2)** $(-\sqrt{21})^2$

解答

(1) 藉由$(\sqrt{a})^2 = a$的公式可得出$(\sqrt{3})^2 = \underset{\sim}{\mathbf{3}}$

(2) 藉由$(-\sqrt{a})^2 = a$的公式可得出$(-\sqrt{21})^2 = \underset{\sim}{\mathbf{21}}$

練習問題 2

請不用根號表示下列各數。

(1) $(\sqrt{19})^2$ **(2)** $(-\sqrt{7})^2$ **(3)** $-(-\sqrt{11})^2$ **(4)** $\left(-\sqrt{\dfrac{3}{7}}\right)^2$

解答

(1) 藉由$(\sqrt{a})^2 = a$的公式可得出$(\sqrt{19})^2 = \underset{\sim}{19}$ 　　**(2)** 藉由$(-\sqrt{a})^2 = a$的公式可得出$(-\sqrt{7})^2 = \underset{\sim}{7}$

(3) 藉由$(-\sqrt{a})^2 = a$的公式可得出$-(-\sqrt{11})^2 = \underset{\sim}{-11}$ 　　**(4)** 藉由$(-\sqrt{a})^2 = a$的公式可得出$\left(-\sqrt{\dfrac{3}{7}}\right)^2 = \underset{\sim}{\dfrac{3}{7}}$

※第**(3)**題中$(-\sqrt{11})^2 = 11$，但括號前還有負號，所
以加上$-$後答案為-11。

想了解更多的
數學專欄　　**將平方根寫成小數形式時？**

舉例來說，將$\sqrt{2}$寫成小數形式時，小數點之
後的數字有無限多個，並且不會循環，即為無
限不循環小數，就像1.41421356…。因此請記
住$\sqrt{2}$、$\sqrt{3}$、$\sqrt{5}$的平方根近似值「口訣」。
如此一來，看到相關問題時只要聯想到口訣就
能解題。

平方根近似值的「口訣」

$\sqrt{2} = 1.41421356\cdots$【意思意思】

$\sqrt{3} = 1.7320508\cdots$【一妻三兒】

$\sqrt{5} = 2.2360679\cdots$【二兒上樓】

3 平方根的乘法與除法

請掌握平方根的乘法與除法公式。

1 平方根的乘法

請使用右方公式來計算平方根的乘法。

$$\sqrt{a} \times \sqrt{b} = \sqrt{ab}$$

例題 1 請計算下列問題。

解答

$\sqrt{3} \times \sqrt{5} =$

$\sqrt{3} \times \sqrt{5} = \sqrt{3 \times 5} = \underline{\sqrt{15}}$

👋 **練習問題 1**

請計算下列問題。

(1) $\sqrt{17} \times \sqrt{3} =$ **(2)** $-\sqrt{18} \times \sqrt{2} =$

解答

(1) $\sqrt{17} \times \sqrt{3} = \sqrt{17 \times 3} = \underline{\sqrt{51}}$

(2) $-\sqrt{18} \times \sqrt{2} = -\sqrt{18 \times 2} = -\sqrt{36} = \underline{-6}$

$36 = 6^2$ 所以請不要使用 $\sqrt{}$，以整數表示

🕊 **完美解題的關鍵**

請掌握 $a \times \sqrt{b} = a\sqrt{b}$

舉例來說，有時可以將 $3 \times \sqrt{2} = \sqrt{2} \times 3$ 中的 × 省略，並寫作 $3\sqrt{2}$（不寫作 $\sqrt{2}\,3$）。

請掌握當出現像 $a\sqrt{b}$ 的形式時，是因為 a 與 $\sqrt{b}$ 之間省略了 × 號。

2 平方根的除法

請使用右方公式來計算平方根的除法。

$$\sqrt{a} \div \sqrt{b} = \frac{\sqrt{a}}{\sqrt{b}} = \sqrt{\frac{a}{b}}$$

例題2 請計算下列問題。

$\sqrt{21} \div \sqrt{3} =$

解答

$\sqrt{21} \div \sqrt{3} = \dfrac{\sqrt{21}}{\sqrt{3}} = \sqrt{\dfrac{21}{3}} = \sqrt{7}$

練習問題 2

請計算下列問題。

(1) $\sqrt{55} \div \sqrt{5} =$　　　　(2) $\sqrt{8} \div (-\sqrt{2}) =$

解答

(1) $\sqrt{55} \div \sqrt{5} = \dfrac{\sqrt{55}}{\sqrt{5}} = \sqrt{\dfrac{55}{5}} = \sqrt{11}$

(2) $\sqrt{8} \div (-\sqrt{2}) = -\dfrac{\sqrt{8}}{\sqrt{2}} = -\sqrt{\dfrac{8}{2}} = -\sqrt{4} = -2$

$4 = 2^2$所以請不要使用$\sqrt{\ }$，以整數表示

3 改變$a\sqrt{b}$ 以及分數的形式

在 完美解題的關鍵 中已說明過$a\sqrt{b} = a \times \sqrt{b}$。若再將$ab$作變化，就會得到下列形式。

$$a\sqrt{b} = a \times \sqrt{b} = \sqrt{a^2} \times \sqrt{b} = \sqrt{a^2 b}$$

將a改變為$\sqrt{a^2}$ 的形式

$a\sqrt{b} = \sqrt{a^2 b}$

將a以2次方的形式放入$\sqrt{\ }$中

如此一來，就會得到右方的公式。

例題3 請以$\sqrt{a}$ 的形式表示下列各數。

(1) $3\sqrt{5}$　　　　　　　　　　(2) $\dfrac{\sqrt{24}}{2}$

解答

(1) 　　$3\sqrt{5}$

$= \sqrt{3^2 \times 5}$　　將3以2次方的形式放入$\sqrt{\ }$中 ($a\sqrt{b} = \sqrt{a^2 b}$)

$= \sqrt{9 \times 5} = \sqrt{45}$

(2) 　　$\dfrac{\sqrt{24}}{2}$

$= \dfrac{\sqrt{24}}{\sqrt{4}}$　　將2改變為$\sqrt{4}$的形式

$= \sqrt{\dfrac{24}{4}}$　　$\dfrac{\sqrt{a}}{\sqrt{b}} = \sqrt{\dfrac{a}{b}}$

$= \sqrt{6}$　　進行約分

理解了 例題 的解題方式後，請遮住答案，自己試著重新再寫一次。

4 質因數分解

將質數按照順序來除，並進行質因數分解。

1 什麼是質數

舉例來說，2的因數只有兩個，一個是1，另一個是自己。而5的因數也只有1和自己。像2跟5一樣，**除了1和本身就沒有其他因數的數**稱為質數。

換句話說，**只有2個因數的數**就可以算是質數。

但1的因數只有1個，所以1不是質數。

例如1到20中，總共有2、3、5、7、11、13、17、19等8個質數。

2 什麼是質因數分解

把一個自然數分解成質數的乘積，其過程稱為質因數分解。

以15為例，可以將15像15=3×5這樣，以質數的乘積來表示，這就是質因數分解。

例題 請將90作質因數分解。

解答 請依照下列順序進行質因數分解。

①先找出能將90整除的質數。90可以被質數2整除，所以請先將90除以2開始分解，如右方所示。

$$2 \overline{)90}$$
$$45 \leftarrow 90 \div 2的答案$$

②找出能將45整除的質數。45可以被質數3整除，所以請將45除以3開始分解，如右方所示。

$$2 \overline{)90}$$
$$3 \overline{)45}$$
$$15 \leftarrow 45 \div 3的答案$$

③找出能將15整除的質數。15可以被質數3整除，所以請將15除以3開始分解，如右方所示。商（除法的答案）為5，5是質數，所以到此就可以停止分解。如此一來可得知，如果商是質數時，請停止分解。

$$\begin{array}{r} 2\,)\,\underline{90} \\ 3\,)\,\underline{45} \\ 3\,)\,\underline{15} \\ 5 \end{array}$$

←15÷3的答案

5為質數，所以到此停止分解

④經由上述步驟，將原來的數90，以L型排列的質數的積進行分解。也就是說，已經完成了90的質因數分解。

$$\begin{array}{r} 2\,)\,\underline{90} \\ 3\,)\,\underline{45} \\ 3\,)\,\underline{15} \\ 5 \end{array}$$

→ $90 = \boxed{2 \times 3 \times 3 \times 5}$

$= 2 \times 3^2 \times 5$

質數以L型排列

答案

完美解題的關鍵

無論先除以哪一個數，最後得到的答案都相同！

例題的說明當中，將90作質因數分解時，由小到大依序除以質數2、3、3、5。

但是，如下方所示，以不同的順序進行分解時，最後的答案也相同！

$$\begin{array}{r} 5\,)\,\underline{90} \\ 3\,)\,\underline{18} \\ 2\,)\,\underline{6} \\ 3 \end{array}$$

→ $90 = \boxed{5 \times 3 \times 2 \times 3}$

$= 2 \times 3^2 \times 5$ ←最後的答案都相同

也就是說，無論先除以哪一個數，最後的答案都相同。

只不過，由小到大依序進行分解的話，比較容易找出作為除數的質數。所以進行質因數分解時，還是盡可能由小到大依序來除原數。

※本單元所學習的「質因數分解」，與之後將會學到的「因式分解」是兩種不同的問題，請注意不要搞混了。

練習問題

請將下列各數作質因數分解。

(1) 108　　　　(2) 560

解答

(1)
$$\begin{array}{r} 2\,)\,\underline{108} \\ 2\,)\,\underline{54} \\ 3\,)\,\underline{27} \\ 3\,)\,\underline{9} \\ 3 \end{array}$$

→ $108 = \boxed{2 \times 2 \times 3 \times 3 \times 3}$

$= 2^2 \times 3^3$

(2)
$$\begin{array}{r} 2\,)\,\underline{560} \\ 2\,)\,\underline{280} \\ 2\,)\,\underline{140} \\ 2\,)\,\underline{70} \\ 5\,)\,\underline{35} \\ 7 \end{array}$$

→ $560 = \boxed{2 \times 2 \times 2 \times 2 \times 5 \times 7}$

$= 2^4 \times 5 \times 7$

5 $a\sqrt{b}$ 的相關計算

將$\sqrt{}$內的2次方數，去掉2次方後提到$\sqrt{}$外。

1 $a\sqrt{b}$ 的變化形式

從第67頁中的說明得知下列公式可以成立。

$$a\sqrt{b}=\sqrt{a^2b}$$

將此公式中的兩式互換後，下列公式也可以成立。

$$\sqrt{a^2b}=a\sqrt{b}$$

去掉2次方後提到$\sqrt{}$外

這就是「將$\sqrt{}$內的2次方數，去掉2次方後提到$\sqrt{}$外」的公式。運用此公式解出下列例題。

> **例題 1** 以$a\sqrt{b}$的形式表示下列各數。
>
> (1) $\sqrt{12}$　　　　(2) $\sqrt{180}$

解答

(1)
$$\sqrt{12}$$
$$=\sqrt{2^2\times3}$$　將12作質因數分解
$$=2\sqrt{3}$$　將2去掉2次方後提到$\sqrt{}$外
$\left(\sqrt{a^2b}=a\sqrt{b}\right)$

(2)
$$\sqrt{180}$$
$$=\sqrt{2\times2\times3\times3\times5}$$　將180作質因數分解
$$=\sqrt{2\times3\times2\times3\times5}$$　重新整理
　　　　　6　　　6
$$=\sqrt{6^2\times5}$$
$$=6\sqrt{5}$$　將6去掉2次方後提到$\sqrt{}$外
$\left(\sqrt{a^2b}=a\sqrt{b}\right)$

盡可能將 $a\sqrt{b}$ 中的 b 化為較小的數字！

以 例題1 的第（2）題為例，也可以只將2提到 $\sqrt{}$ 外。

$$\sqrt{180}$$
$$=\sqrt{2^2\times45} \quad \text{將2提到} \sqrt{} \text{外}$$
$$=2\sqrt{45}$$

如此一來，就會變成像是 $\sqrt{180}=2\sqrt{45}$ 的形式。雖然也是以 $a\sqrt{b}$ 的形式表示，但是如果考

試時這樣作答的話，就會被批改成△（注意）或是×（錯誤）。

這是因為有「盡可能將 $a\sqrt{b}$ 中的 b 化為較小的數字」這樣的規則存在。

像第（2）題的說明中，將 $\sqrt{180}$ 以 $6\sqrt{5}$ 的形式表示，請盡可能將 $a\sqrt{b}$ 中的 b 化為較小的數字來回答。

2 答案為 $a\sqrt{b}$ 的乘法

一起來看看關於答案為 $a\sqrt{b}$ 的乘法。

關鍵在進行乘法前先作質因數分解。

例題2 請計算下列問題。

（1）$\sqrt{28}\times\sqrt{18}=$ （2）$\sqrt{15}\times\sqrt{10}=$ （3）$4\sqrt{6}\times3\sqrt{15}=$

解答

（1）$\quad\sqrt{28}\times\sqrt{18}$ 進行乘法前，先將28與18作質因數分解，將2數都變成 $a\sqrt{b}$ 的形式
$$=2\sqrt{7}\times3\sqrt{2} \quad \text{重新整理}$$
$$=2\times3\times\sqrt{7}\times\sqrt{2} \quad \sqrt{}\text{外與}\sqrt{}\text{內分別進行乘法}$$
$$=\mathbf{6\sqrt{14}}$$

（2）$\quad\sqrt{15}\times\sqrt{10}$ 進行乘法前，先將15與10作質因數分解
$$=\sqrt{3\times5}\times\sqrt{2\times5}$$
$$=\sqrt{3\times5\times2\times5}$$
$$=\sqrt{5^2\times6} \quad \text{將5提到} \sqrt{} \text{外}$$
$$=\mathbf{5\sqrt{6}}$$

※第（1）題中

像 $\sqrt{28}\times\sqrt{18}=\sqrt{28\times18}=\sqrt{504}=\sqrt{6^2\times14}=6\sqrt{14}$ 這樣，

先將28與18相乘也可以得到答案。

但是，如此一來，要從 $\sqrt{504}$ 變成 $6\sqrt{14}$ 的形式就非常麻煩。

所以在進行乘法前先作質因數分解，計算起來就會比較輕鬆。

（3）$\quad4\sqrt{6}\times3\sqrt{15}$ 進行乘法前，先將6與15作質因數分解
$$=4\sqrt{2\times3}\times3\sqrt{3\times5}$$
$$=4\times3\times\sqrt{2\times3\times3\times5}$$
$$=12\times\sqrt{3^2\times10} \quad \text{將3提到} \sqrt{} \text{外}$$
$$=12\times3\sqrt{10} \quad (\sqrt{a^2b}=a\sqrt{b})$$
$$=\mathbf{36\sqrt{10}}$$

理解了 例題 的解題方式後，請遮住答案，自己試著重新再寫一次。

6 分母有理化

非常
重要！ **分母為 $\sqrt{a}$ 或 $k\sqrt{a}$ 的時候，將分母與分子同乘以 $\sqrt{a}$，進行有理化。**

1 什麼是分母的有理化

將分母變化為不含根號（$\sqrt{}$）的形式，稱為分母有理化。

分母為 $\sqrt{a}$ 或 $k\sqrt{a}$ 的時候，將分母與分子同乘以 $\sqrt{a}$，就能將分母有理化。

例題 有理化下列各數的分母。

(1) $\dfrac{\sqrt{3}}{\sqrt{5}}$ (2) $\dfrac{2}{3\sqrt{2}}$ (3) $\dfrac{14}{\sqrt{63}}$

解答

(1)

$$\frac{\sqrt{3}}{\sqrt{5}} = \frac{\sqrt{3} \times \sqrt{5}}{\sqrt{5} \times \sqrt{5}} = \frac{\sqrt{15}}{(\sqrt{5})^2} = \frac{\sqrt{15}}{5}$$

↑　　　　　　　　　
將分母與分子同乘以 $\sqrt{5}$　　$(\sqrt{a})^2 = a$

(2)

$$\frac{2}{3\sqrt{2}} = \frac{2 \times \sqrt{2}}{3\sqrt{2} \times \sqrt{2}} = \frac{2 \times \sqrt{2}}{3 \times (\sqrt{2})^2} = \frac{\overset{1}{2} \times \sqrt{2}}{3 \times \underset{1}{2}} = \frac{\sqrt{2}}{3}$$

↑　　　　　　　　　　　↑
將分母與分子同乘以 $\sqrt{2}$　　　進行約分

(3)

$$\frac{14}{\sqrt{63}} = \frac{14}{3\sqrt{7}} = \frac{14 \times \sqrt{7}}{3\sqrt{7} \times \sqrt{7}} = \frac{\overset{2}{14} \times \sqrt{7}}{3 \times \underset{1}{7}} = \frac{2\sqrt{7}}{3}$$

↑　　　　　　↑　　　↑
化為 $a\sqrt{b}$ 的形式　將分母與分子　進行約分
　　　　　　同乘以 $\sqrt{7}$

完美解題的關鍵

化為 $a\sqrt{b}$ 的形式後，再進行有理化！

例題 第（3）題的解說中，先將分母 $\sqrt{63}$ 化為 $3\sqrt{7}$（$a\sqrt{b}$ 的形式）後，再將分母與分子同乘以 $\sqrt{7}$，進行有理化。

另一方面，直接將分母與分子同乘以 $\sqrt{63}$，也可以進行有理化，如下方所示。

只不過如此一來，過程中所出現的算式將會越變越大。所以比較建議先將分母化為 $a\sqrt{b}$ 的形式後，再進行有理化並解題。

$$\frac{14}{\sqrt{63}} = \frac{14 \times \sqrt{63}}{\sqrt{63} \times \sqrt{63}} = \frac{14 \times \sqrt{3^2 \times 7}}{(\sqrt{63})^2} = \frac{\overset{2}{14} \times 3 \times \sqrt{7}}{\underset{3}{63}} = \frac{2\sqrt{7}}{3}$$

↑ 將分母與分子同乘以 $\sqrt{63}$

↑ 進行約分

2 需要有理化的平方根除法

一起來練習需要有理化的平方根除法。

不只是除法，在所有的算式當中，如果分母含有 $\sqrt{}$ 時，請將分母有理化後再作答。

如果不將分母變化為不含（$\sqrt{}$）的形式就直接作答，也算是錯誤的，所以請一定要注意。

✍ 練習問題

請計算下列問題。

（1） $\sqrt{3} \div \sqrt{2} =$

（2） $-\sqrt{5} \div 2\sqrt{6} =$

解答

（1）

$$\sqrt{3} \div \sqrt{2} = \frac{\sqrt{3}}{\sqrt{2}} = \frac{\sqrt{3} \times \sqrt{2}}{\sqrt{2} \times \sqrt{2}} = \frac{\sqrt{6}}{2}$$

↑ 將分母與分子同乘以 $\sqrt{2}$ 後，再進行有理化

（2）

$$-\sqrt{5} \div 2\sqrt{6} = -\frac{\sqrt{5}}{2\sqrt{6}} = -\frac{\sqrt{5} \times \sqrt{6}}{2\sqrt{6} \times \sqrt{6}} = -\frac{\sqrt{30}}{12}$$

↑ 將分母與分子同乘以 $\sqrt{6}$ 後，再進行有理化

想了解更多的數學專欄 　**畢達哥拉斯隱瞞了無理數的存在？**

x 和 y 為任何整數，且 y 不為0時，可以用分數 $\frac{x}{y}$ 形式表示的數，稱為有理數。大致說來就是分母與分子均為整數，能用分數來表示的數，就稱為有理數。相反的，不是有理數的數稱為無理數。

因此我們都知道的 $\sqrt{2}$ 與 $\sqrt{3}$，以及圓周率（π）等不能以分數 $\frac{x}{y}$ 來表示的數，都是無理數。

從前有一個非常有名的數學家畢達哥拉斯，就是他發明了畢氏定理。但畢達哥拉斯並不承認無理數的存在，而他的弟子們也都知道這一個祕密。因為他們相信「所有的數都可以用分數來表示」。所以，他們將洩漏了無理數存在的弟子，從船上推落海中溺死，這段傳說依舊流傳至今。

7 平方根的加法與減法

非常
重要！

平方根的加法與減法**與代數式**的計算方式相同！

1 平方根的加法與減法

平方根的加法與減法可將√以文字符號代替後，再用跟代數式相同的方式計算。

例題1　請計算下列問題。

（1）$2\sqrt{7}+3\sqrt{7}=$　　　　　　　（2）$\sqrt{3}+2\sqrt{5}-4\sqrt{3}-6\sqrt{5}=$

解答

（1）$2\sqrt{7}+3\sqrt{7}$

將$\sqrt{7}$以x代替後，就會得到$2x+3x=5x$。

用這個方式計算後，就會得到

$2\sqrt{7}+3\sqrt{7}=\mathbf{5\sqrt{7}}$

（2）$\sqrt{3}+2\sqrt{5}-4\sqrt{3}-6\sqrt{5}$

將$\sqrt{3}$以x代替、$\sqrt{5}$以y代替後，就會得到

$x+2y-4x-6y=-3x-4y$

用這個方式解題後，就會得到

$\sqrt{3}+2\sqrt{5}-4\sqrt{3}-6\sqrt{5}=\mathbf{-3\sqrt{3}-4\sqrt{5}}$

※$-3\sqrt{3}-4\sqrt{5}$已經無法再簡化成先前所學的任何形式，所以用$-3\sqrt{3}-4\sqrt{5}$的形式作答即可。

 完美解題的關鍵

運用分配律也可以計算平方根！

例題1 中，運用了與代數式相同的方式，來計算平方根的加法與減法。

另一方面，代數式中所學到的分配律，其計算規則如下。

將a分別乘入括號內

$a\,(b+c)=ab+ac$

運用此分配律也可以計算平方根，如下方所示。

［例］請計算$\sqrt{6}\,(\sqrt{3}+\sqrt{5})$

解法

將$\sqrt{6}$分別乘入括號內

$\sqrt{6}\,(\sqrt{3}+\sqrt{5})=\sqrt{6}\times\sqrt{3}+\sqrt{6}\times\sqrt{5}$
$=3\sqrt{2}+\sqrt{30}$

2 化為 $a\sqrt{b}$ 的形式後，再計算和與差

即使√中的數相異，有時也可以化為 $a\sqrt{b}$ 的形式，藉此讓√中的數相同，就能夠計算。

例題2 請計算下列問題。

$\sqrt{45} - 2\sqrt{20} + 2\sqrt{5} =$

解答

$$\sqrt{45} - 2\sqrt{20} + 2\sqrt{5}$$
$$= \sqrt{3^2 \times 5} - 2\sqrt{2^2 \times 5} + 2\sqrt{5} \quad \text{質因數分解}$$
$$= 3\sqrt{5} - 4\sqrt{5} + 2\sqrt{5} \quad \text{運用} \sqrt{a^2 b} = a\sqrt{b}$$
$$= \sqrt{5}$$

3 將分母有理化後，再計算和與差

分母中含有√的情況，則將分母有理化後再計算。

例題3 請計算下列問題。

$\sqrt{27} - \dfrac{6}{\sqrt{3}} =$

解答

$$\sqrt{27} - \frac{6}{\sqrt{3}}$$
$$= 3\sqrt{3} - \frac{6 \times \sqrt{3}}{\sqrt{3} \times \sqrt{3}} \quad \leftarrow \text{將分母與分子同乘以} \sqrt{3}，\text{進行有理化}$$
$$= 3\sqrt{3} - \frac{\overset{2}{6} \times \sqrt{3}}{\underset{1}{3}} \quad \leftarrow \text{進行約分}$$
$$= 3\sqrt{3} - 2\sqrt{3} = \sqrt{3}$$

平方根的單元到這裡已全部結束，請試著運用至今所學到的知識，挑戰看看應用問題。

練習問題（應用篇）

請計算下列問題。

$\dfrac{3}{\sqrt{15}} - \sqrt{60} + \dfrac{4\sqrt{3}}{\sqrt{5}} =$

解答

$$\frac{3}{\sqrt{15}} - \sqrt{60} + \frac{4\sqrt{3}}{\sqrt{5}}$$
$$= \frac{3 \times \sqrt{15}}{\sqrt{15} \times \sqrt{15}} - 2\sqrt{15} + \frac{4\sqrt{3} \times \sqrt{5}}{\sqrt{5} \times \sqrt{5}}$$
$$\uparrow \qquad\qquad\qquad \uparrow$$
$$\text{進行有理化} \qquad \text{進行有理化}$$

$$= \frac{\overset{1}{3}\sqrt{15}}{\underset{5}{15}} - 2\sqrt{15} + \frac{4\sqrt{15}}{5}$$
$$= \frac{\overset{1}{5}\sqrt{15}}{\underset{1}{5}} - 2\sqrt{15} \quad \frac{\sqrt{15}}{5} + \frac{4\sqrt{15}}{5} = \frac{5\sqrt{15}}{5}$$
$$= \sqrt{15} - 2\sqrt{15} = -\sqrt{15}$$

75

1 什麼是因式分解

先將公因式提到括號外面，再作因式分解！

1 什麼是因式分解

運用第33頁中所學到的乘法公式，**將 $(x+4)(x+5)$ 展開**後，就如下方所示。

$$(x+4)(x+5)=x^2+9x+20$$

即使將等式的左式與右式交換依舊成立，所以下列式子也成立。

$$x^2+9x+20=(x+4)(x+5)$$

這就可表示 $x^2+9x+20$ 是 $x+4$ 與 $x+5$ 的積（乘法的答案）。

像 $x+4$ 與 $x+5$ 一樣，**相乘為積的數個式子稱為因式**。

把多項式分解成數個因式乘積的形式，其過程就稱為因式分解。

$$x^2+9x+20$$

展開 ↑ ↓ 因式分解

$$(x+4)\quad(x+5)$$

因式　　因式

2 提出公因式再作因式分解

請掌握多項式的各項中，若均含有相同的因式（公因式）時，**請先將公因式提到括號外面**，藉此就可進行因式分解。

在第28頁中所學到的分配律，將其中的等號兩邊互換後，就能得到右方公式。再運用此公式來進行因式分解。

$$ab+ac=a(b+c)$$

公因式　提到括號外面

（**1**）$3xy - 2xz$ 　　　　　　（**2**）$15a^2b + 25ab^2$

解答

（**1**）文字符號x相同，所以將x提到括號外。　（**2**）係數15與25的最大公因數5，與相同的文字符號ab組合成$5ab$，將$5ab$提到括號外。

$$3xy - 2xz = x(3y - 2z)$$

公因式　提到括號外面

$$15a^2b + 25ab^2$$
$$= 5ab \times 3a + 5ab \times 5b$$
$$= \mathbf{5ab(3a + 5b)}$$

將$15a^2b$與$25ab^2$分別化為$5ab \times \square$的形式

將公因式$5ab$提到括號外

※像第(**2**)題一樣，各項係數的最大公因數為比1大的整數時，將此整數一起提到括號外。

完美解題的關鍵

盡可能因式分解後再作答！
有些學生會以下列方式因式分解 **例題** 的第（**2**）題。

$$15a^2b + 25ab^2 = ab(15a + 25b)$$

以這種方式作運算並沒有錯，但若是在測驗中這樣作答的話，就不算正確。

這是因為答案還可以再進行因式分解。

$$15a^2b + 25ab^2 = ab(15a + 25b)$$
$$= 5ab(3a + 5b)$$

以 **例題** 的第（**2**）題為例，盡可能因式分解後再作答。

PART 8

因式分解

練習問題

因式分解下列各式。

（**1**）$2ab + a$ 　　　　　　（**2**）$14x^2y - 21xyz$

解答

（**1**）文字符號a相同，所以將a提到括號外。

$$2ab + a$$
將a化為$1a$的形式
$$= 2ab + 1a = a(2b + 1)$$

公因式　提到括號外

（**2**）係數14與21的最大公因數7，與相同的文字符號xy組合成$7xy$，將$7xy$提到括號外。

$$14x^2y - 21xyz$$
$$= 7xy \times 2x - 7xy \times 3z$$
$$= 7xy(2x - 3z)$$

將$14x^2y$與$21xyz$分別化為$7xy \times \square$的形式

將公因式$7xy$提到括號外

2 因式分解公式 1

非常重要!

運用下列公式作因式分解!

$$x^2 + \underset{和}{(a+b)} x + \underset{積}{ab} = (x+a)(x+b)$$

1 公式 $x^2+(a+b)x+ab=(x+a)(x+b)$

我們曾在第33～35頁中學過4個乘法公式,將這4個公式中等號的左右兩邊互換後,將會得到新的公式。一起來看看這個新的公式。

公式1 為乘法公式的其中一項。

> 公式1 $(x+a)(x+b)=x^2+(a+b)x+ab$

將 公式1 中等號的左右兩邊互換,就會得到 公式2 。

> 公式2 $x^2+\underset{和}{(a+b)}x+\underset{積}{ab}=(x+a)(x+b)$

例題1 因式分解下列各式。

(1) $x^2+8x+15$　　　　(2) a^2-a-6

解答

(1) 為了要將$x^2+8x+15$作因式分解,首先要找看看「和為8、積為15的2個數」

$$x^2 + \underset{\text{和為8}}{\underset{\uparrow}{8x}} + \underset{\text{積為15}}{\underset{\uparrow}{15}}$$

找看看「和為8、積為15的2個數」,如此一來就會得到＋3與＋5。

$(+3)+(+5)=8$ ← 和為8
$(+3)\times(+5)=15$ ← 積為15

運用＋3與＋5這2個數,就能作因式分解,如下方所示。

$x^2+8x+15=(x+3)(x+5)$

(2) 為了要將$a^2-a-6\,(=a^2-1a-6)$作因式分解,首先要找看看「和為－1、積為－6的2個數」

$$a^2-a-6=a^2 \underset{\text{和為}-1}{\underset{\uparrow}{-1a}} \underset{\text{積為}-6}{\underset{\uparrow}{-6}}$$

找看看「和為－1、積為－6的2個數」,如此一來就會得到＋2與－3。

$(+2)+(-3)=-1$ ← 和為－1
$(+2)\times(-3)=-6$ ← 積為－6

運用＋2與－3這2個數,就能作因式分解,如下方所示。

$a^2-a-6=(a+2)(a-3)$

完美解題的關鍵

從積開始找看看吧！

例題1 的第(1)題中，為了要將$x^2+8x+15$作因式分解，首先要找看看「和為8、積為15的2個數」。

這時候，要先從相乘為15（積為15）的數開始找，而不是從相加為8（和為8）的數開始。

這是因為，相加為8的整數相當多，但相乘為15的整數，只會有右邊列出的4種組合。

在這之中，積15、和為8的數是＋3與＋5，

相乘為15的整數

$(+1)\times(+15)=15$
$(-1)\times(-15)=15$
$(+3)\times(+5)=15$
$(-3)\times(-5)=15$

所以能夠像$x^2+8x+15=(x+3)(x+5)$一樣作因式分解。

基於上述理由，建議按照「積→和」的順序來找因式分解的2個數。

🖐 **練習問題 1**

因式分解下列各式。

(1) $x^2+11x+30$　　　　　(2) $a^2-10a+21$　　　　　(3) $x^2+8x-48$

解答

(1) 為了要將$x^2+11x+30$作因式分解，首先要找看看「和為11、積為30的2個數」，如此一來就會得到＋5與＋6。所以能夠像下列式子一樣作因式分解。

$$x^2+11x+30=(x+5)(x+6)$$

(2) 為了要將$a^2-10a+21$作因式分解，首先要找看看「和為-10、積為21的2個數」，如此一來就會得到-3與-7。所以能夠像下列式子一樣作因式分解。

$$a^2-10a+21=(a-3)(a-7)$$

(3) 為了要將$x^2+8x-48$作因式分解，首先要找看看「和為8、積為-48的2個數」，如此一來就會得到＋12與-4。所以能夠像下列式子一樣作因式分解。

$$x^2+8x-48=(x+12)(x-4)$$

PART

8

因式分解

3 因式分解公式 2

運用下列公式作因式分解！

$$x^2 + 2ax + a^2 = (x+a)^2 \quad x^2 - 2ax + a^2 = (x-a)^2 \quad x^2 - a^2 = (x+a)(x-a)$$

2 公式 $x^2 + 2ax + a^2 = (x+a)^2$, $x^2 - 2ax + a^2 = (x-a)^2$

運用下列公式，一起來作因式分解。

$$x^2 + 2ax + a^2 = (x+a)^2$$
　　　*a*的2倍　*a*的2次方

$$x^2 - 2ax + a^2 = (x-a)^2$$
　　　*a*的2倍　*a*的2次方

例題2 因式分解下列各式。

(1) $x^2 + 6x + 9$

(2) $a^2 - 12a + 36$

解答

(1) 在 $x^2 + 6x + 9$ 的式子中可以找到6是3的2倍、9是3的2次方。接下來就能像下列式子一樣作因式分解。

$$x^2 + 6x + 9 = (x+3)^2$$
　　　3的2倍　3的2次方

(2) 在 $a^2 - 12a + 36$ 的式子中可以找到12是6的2倍、36是6的2次方。接下來就能像下列式子一樣作因式分解。

$$a^2 - 12a + 36 = (a-6)^2$$
　　　6的2倍　6的2次方

 完美解題的關鍵

使用別種公式也能解題！

在 例題2 的第(1)題中，如果運用前一個單元所學到的公式

$x^2 + (a+b)x + ab = (x+a)(x+b)$，也能夠解題。只不過，算式就會增加，所以並不是最好的解法。

接下來，一起實際確認看看。

例題2 的第(1)題為了要將 $x^2 + 6x + 9$ 作因式分解，首先要找看看「和為6、積為9的2個數」。

找看看「和為6、積為9的2個數」，如此一來就會得到 $+3$ 與 $+3$。所以能夠像下列式子一樣作因式分解。

$x^2 + 6x + 9 = (x+3)(x+3) = (x+3)^2$

例題2 的第(2)題也可以用同樣的方法解題，因此試試看吧！

因式分解下列各式。

(**1**) $x^2+18x+81$　　　　　　(**2**) $x^2-16x+64$

解答

> (**1**) $x^2+18x+81$中的18是9的2倍、81是9的2次方。因此　　$x^2+18x+81=\underline{(x+9)^2}$
>
> (**2**) $x^2-16x+64$中的16是8的2倍、64是8的2次方。因此　　$x^2-16x+64=\underline{(x-8)^2}$

3 公式 $x^2-a^2=(x+a)(x-a)$

運用右方公式，一起來作因式
分解。

$$x^2 - a^2 = (x+a)(x-a)$$
$$\uparrow\qquad\uparrow$$
x的2次方　a的2次方

例題 3 因式分解下列各式。

(**1**) x^2-49　　　　　　(**2**) $9a^2-16b^2$

解答

(**1**) 在 x^2-49 中可以找到 x^2為x的2次方、49為7的2次方。接下來就能像下列式子一樣作因式分
　　解。

$$x^2 - 49 = x^2 - 7^2 = \underline{(x+7)(x-7)}$$
$\uparrow$　　　$\uparrow$
x的2次方　7的2次方

運用 $x^2-a^2=(x+a)(x-a)$ 的公式來作因式分解

(**2**) 在 $9a^2-16b^2$ 中可以找到 $9a^2$為$3a$的2次方、$16b^2$為$4b$的2次方。接下來就能像下列式
　　子一樣作因式分解。

$$9a^2 - 16b^2 = (3a)^2 - (4b)^2 = \underline{(3a+4b)(3a-4b)}$$
$\uparrow$　　　$\uparrow$
$3a$的2次方　$4b$的2次方

運用 $x^2-a^2=(x+a)(x-a)$ 的公式來作因式分解

✋ **練習問題** 3

因式分解下列各式。

(**1**) a^2-121　　　　　　(**2**) x^2-4y^2

解答

> (**1**) $a^2-121=a^2-11^2=\underline{(a+11)(a-11)}$　　　　(**2**) $x^2-4y^2=x^2-(2y)^2=\underline{(x+2y)(x-2y)}$

PART
8

因
式
分
解

1 利用平方根的概念來解二次方程式

利用平方根的概念來解$ax^2 = b$與$(x + a)^2 = b$等的二次方程式！

1 什麼是二次方程式

舉例來說將$x^2 - 10 = 3x$中右式的$3x$往左式移項，就會得到$x^2 - 3x - 10 = 0$。

像這樣，經由**移項整理後以(二次式) = 0的形式改寫的方程式**，就稱為二次方程式。

2 二次方程式$ax^2 = b$的解法

可以利用平方根的概念，來解$ax^2 = b$與$ax^2 - b = 0$這種形式的二次方程式。

例題1 試解下列方程式。

(1) $x^2 = 36$ 　　　(2) $5x^2 - 60 = 0$ 　　　(3) $4x^2 - 11 = 0$

解答

(1) 因為$x^2 = 36$，

所以可知x為36的平方根。

因此，$x = \pm 6$

(2) $5x^2 - 60 = 0$ 　將-60往右式移項

$5x^2 = 60$ 　兩式同除以5

$x^2 = 12$ 　x為12的平方根

$x = \pm\sqrt{12}$ 　化為$a\sqrt{b}$的形式

$x = \pm 2\sqrt{3}$

(3) $4x^2 - 11 = 0$ 　將-11往右式移項

$4x^2 = 11$ 　兩式同除以4

$x^2 = \dfrac{11}{4}$ 　x為$\dfrac{11}{4}$的平方根

$x = \pm\sqrt{\dfrac{11}{4}}$ 　$\pm\sqrt{\dfrac{11}{4}} = \pm\dfrac{\sqrt{11}}{\sqrt{4}}$

$x = \pm\dfrac{\sqrt{11}}{2}$

練習問題

試解下列方程式。

$(1)\ 3x^2 = 75$ $\qquad\qquad (2)\ 25x^2 - 8 = 0$

解答

$(1)\ 3x^2 = 75$ 兩式同除以3

$\quad\ x^2 = 25$ x為25的平方根

$\quad\ x = \pm 5$

$(2)\ 25x^2 - 8 = 0$ 將 -8 往右式移項

$\quad\ 25x^2 = 8$ 兩式同除以25

$\quad\ x^2 = \dfrac{8}{25}$ x為 $\dfrac{8}{25}$ 的平方根

$\quad\ x = \pm\sqrt{\dfrac{8}{25}}$ $\pm\sqrt{\dfrac{8}{25}} = \pm\dfrac{\sqrt{8}}{\sqrt{25}}$

$\quad\ x = \pm\dfrac{2\sqrt{2}}{5}$

3 二次方程式 $(x+a)^2 = b$ 的解法

也可以利用平方根的概念來解 $(x+a)^2 = b$ 這種形式的二次方程式。

例題2 試解下列方程式。

$(1)\ (x+5)^2 = 49$ $\qquad\qquad (2)\ (x-6)^2 - 10 = 0$

解答

(1) 因為 $x+5$ 為49的平方根

所以 $x+5 = \pm 7$

這表示 $x+5$ 有可能等於 $+7$ 或是 -7。

$x+5 = 7$ 時，$x = 7-5 = 2$

$x+5 = -7$ 時，$x = -7-5 = -12$

$\boldsymbol{x = 2 \cdot x = -12}$

(2) 將 -10 往右式移項，就會得到

$(x-6)^2 = 10$

因為 $x-6$ 為10的平方根

所以 $x-6 = \pm\sqrt{10}$

將 -6 往右式移項

$\boldsymbol{x = 6 \pm \sqrt{10}}$

※「$x = 6+\sqrt{10}$ 或 $x = 6-\sqrt{10}$」時，將2個答案結合，並以 $x = 6\pm\sqrt{10}$ 來表示。

完美解題的關鍵

二次方程式的解（答案）有1～2個！

到目前為止，所學過的一次方程式，都只有1個解（答案）。

但是，本單元中所討論的二次方程式，都有2個解（答案）。請掌握在國中數學的範圍內，二次方程式的解會有1～2個（在下一個單元中將會學到，只有1個解的二次方程式）。

PART 9 二次方程式

2　運用因式分解來解二次方程式

非常
重要！

首先將等號的左邊作因式分解後，再解二次方程式！

在前一個單元中，我們運用了平方根的概念來解二次方程式。

除此之外，有時也可以藉由因式分解來解二次方程式。

藉由因式分解解方程式時，請運用下列概念。

> 將2個式子化為A與B時
>
> 　若$AB=0$　則　$A=0$　或　$B=0$

例題　試解下列方程式。

$x^2+3x+2=0$

解答

首先將等號左邊的x^2+3x+2作因式分解。

可以藉由$x^2+(a+b)x+ab=(x+a)(x+b)$的公式將左邊因式分解。

為了要將x^2+3x+2作因式分解，首先要找看看「和為3、積為2的2個數」。

如此一來就會得到$+1$與$+2$。因此，可以將原本的二次方程式化為下列形式。

$$\underset{\searrow}{(x+1)}\ \underset{\searrow}{(x+2)}=0$$

$x+1=0$　或　$x+2=0$

逐一解開後，就會得到$x=-1$、$x=-2$

試解下列方程式。

(**1**) $x^2 - x = 0$　　　　(**2**) $x^2 - 5x - 14 = 0$　　　　(**3**) $x^2 + 10x + 25 = 0$

(**4**) $x^2 - 2x + 1 = 0$　　　　(**5**) $x^2 - 64 = 0$

解答

(**1**) 將$x^2 - x = 0$中等號左邊的公因式x提到括號
外，並作因式分解，就會得到

$$x(x-1) = 0$$
$$x = 0 \quad 或 \quad x - 1 = 0$$
$$x = 0 或 x = 1$$

(**3**) 藉由$x^2 + 2ax + a^2 = (x+a)^2$的公式，將
$x^2 + 10x + 25 = 0$中等號的左邊作因式分
解，就會得到

$$(x+5)^2 = 0$$
$$x + 5 = 0$$
$$x = -5$$

※第(3)、(4)題中的解（答案）只有1個。

(**5**) 藉由$x^2 - a^2 = (x+a)(x-a)$的公式，將
$x^2 - 64 = 0$中等號的左邊作因式分解，就會
得到

$$(x+8)(x-8) = 0$$
$$x + 8 = 0 \quad 或 \quad x - 8 = 0$$
$$x = \pm 8$$

(**2**) 藉由$x^2 + (a+b)x + ab = (x+a)(x+b)$的
公式，將$x^2 - 5x - 14 = 0$中等號的左邊作因
式分解，就會得到

$$(x+2)(x-7) = 0$$
$$x + 2 = 0 \quad 或 \quad x - 7 = 0$$
$$x = -2 或 x = 7$$

(**4**) 藉由$x^2 - 2ax + a^2 = (x-a)^2$的公式，將$x^2 -
2x + 1 = 0$中等號的左邊作因式分解，就會
得到

$$(x-1)^2 = 0$$
$$x - 1 = 0$$
$$x = 1$$

PART
9
二次方程式

完美解題的關鍵

$x^2 - 64 = 0$的二次方程式，可以藉由因式分解，
或是平方根的概念來解題！

練習問題的第(5)題$x^2 - 64 = 0$如果運用前一個
單元所學的平方根的概念，也可以解開，如右
方所示。

$$x^2 - 64 = 0$$
$$x^2 = 64$$
$$x = \pm 8$$

將-64往右邊移項

x為64的平方根

如此一來可以得知，有些二次方程式無論是運
用因式分解或是平方根的概念都可以解開。

3 藉由公式解來解二次方程式

非常
重要！

請掌握公式解 $x = \dfrac{-b \pm \sqrt{b^2 - 4ac}}{2a}$ ！

1 公式解

運用所學過的**平方根**、或是**因式分解**，無論**哪一種概念都無法解開二次方程式的情況**時，就藉由公式解來解題。

> **二次方程式的公式解**
>
> 二次方程式 $ax^2 + bx + c = 0$ 的解為
> $$x = \frac{-b \pm \sqrt{b^2 - 4ac}}{2a}$$

例題　試解下列方程式。

（1）$2x^2 + 3x - 4 = 0$

（2）$3x^2 - 7x + 2 = 0$

解答

（1）$\underset{a}{2x^2} + \underset{b}{3x} - \underset{c}{4} = 0$

將 $a = 2$、$b = 3$、$c = -4$ 代入公式解中並計算，就會得到

$$x = \frac{-3 \pm \sqrt{3^2 - 4 \times 2 \times (-4)}}{2 \times 2}$$

$$= \frac{-3 \pm \sqrt{9 + 32}}{4}$$

$$= \frac{-3 \pm \sqrt{41}}{4}$$

（2）$\underset{a}{3x^2} - \underset{b}{7x} + \underset{c}{2} = 0$

將 $a = 3$、$b = -7$、$c = 2$ 代入公式解中並計算，就會得到

$$x = \frac{7 \pm \sqrt{(-7)^2 - 4 \times 3 \times 2}}{2 \times 3}$$

$$= \frac{7 \pm \sqrt{49 - 24}}{6}$$

$$= \frac{7 \pm \sqrt{25}}{6}$$

$$= \frac{7 \pm 5}{6} \quad \leftarrow \frac{7 + 5}{6} \text{ 或} \frac{7 - 5}{6} \text{ 的意思}$$

$$x = \frac{7 + 5}{6} = \frac{12}{6} = 2$$

$$x = \frac{7 - 5}{6} = \frac{2}{6} = \frac{1}{3}$$

$$x = \frac{1}{3} \text{、} x = 2$$

2 b為偶數時的公式解

二次方程式$ax^2+bx+c=0$中，若b為偶數時，將b除以2並以b'來表示，則右方公式解成立。

> ### b為偶數時的公式解
>
> 二次方程式$ax^2+bx+c=0$的解為
>
> $$x=\frac{-b'\pm\sqrt{b'^2-ac}}{a}$$

例題2 試解下列方程式。

$2x^2+6x+1=0$

解答

由於b為偶數6，因此使用「b為偶數時的公式解」。
將b除以2並以b'表示，所以$b'=6\div2=3$。
將$a=2$、$b'=3$、$c=1$代入「b為偶數時的公式解」，就能像右邊的 **算式** 一樣計算。

> **算式**
>
> $$x=\frac{-3\pm\sqrt{3^2-2\times1}}{2}$$
>
> $$=\frac{-3\pm\sqrt{9-2}}{2}$$
>
> $$=\frac{-3\pm\sqrt{7}}{2}$$

理解了 **例題** 的解題方式後，請遮住答案，自己試著重新再寫一次。

🐱 完美解題的關鍵

最好把「b為偶數時的公式解」也一起記住的理由！

也許有些人會認為：「要記住公式解就非常辛苦了，難道一定還要再記住『b為偶數時的公式解』嗎？」

但是，如果同時也記住「b為偶數時的公式解」，就能快速且正確的解題。

以 **例題2** 為例，運用一般的公式解也能夠解題，但是算式就會變得像右方一樣複雜。

如此一來，就需要再約分，算式變得很複雜。因此建議運用「b為偶數時的公式解」來解題。

$$x=\frac{-6\pm\sqrt{6^2-4\times2\times1}}{2\times2}$$

$$=\frac{-6\pm\sqrt{28}}{4}$$

$$=\frac{-6\pm2\sqrt{7}}{4}$$

$$=\frac{-3\pm\sqrt{7}}{2}$$

將$\sqrt{28}$化為$2\sqrt{7}$後進行約分

4 二次方程式的應用題

用4步驟解二次方程式的應用題!

**藉由右方的4步驟,來解
二次方程式的應用題。**

> **步驟 1** 設欲求的事物為x
> **步驟 2** 列出方程式
> **步驟 3** 解方程式
> **步驟 4** 確認所求得的解是否合乎題意

1 有關數的應用題

例題1 某自然數加2的2次方,與該數的10倍加11相等,求此自然數為何?

解答

如下方所示,藉由4步驟就能解題。

步驟 1 設欲求的事物為x

將此自然數設為x。

步驟 2 列出方程式

將自然數x加2的2次方以$(x+2)^2$來表示。

並將該數的10倍加11以$10x+11$來表示。

因為某自然數加2的2次方,與該數的10倍加11相等,所以
右方方程式成立。

$$\underset{\uparrow}{(x+2)^2} = \underset{\uparrow}{10x+11}$$
$$（加2的2次方）=（10倍加11）$$

步驟 3 解方程式

$$(x+2)^2 = 10x+11$$
$$x^2+4x+4 = 10x+11$$
$$x^2+4x+4-10x-11 = 0$$
$$x^2-6x-7 = 0$$
$$(x+1)(x-7) = 0$$
$$x=-1 、 x=7$$

將$(x+2)^2$展開
進行移項讓等號的右邊為0
整理左式
將左式作因式分解

確認所求得的解是否合乎題意

x為自然數（正整數），所以$x=7$合乎題意，但$x=-1$並不合乎題意。

因此，$x=7$。

答案：7

完美解題的關鍵

確認所求得的解是否合乎題意！

二次方程式的應用題中，如同 例題1 的解說，

最後一定要確認所求得的解是否合乎題意。

如此一來才會知道-1的答案並不合乎題意。

有很多人會不小心忘記，所以請特別注意。

2 有關面積的應用題

例題2 已知有一長方形的寬比長短6公分，若此長方形的面積為112平方公分，求此長方形的長與寬各為多少公分？

解答

如下方所示，藉由4步驟就能解題。

步驟 1 設欲求的事物為x

將長方形的長設為x公分。

並以$(x-6)$公分表示長方形的寬。

寬$(x-6)$公分　面積 112平方公分　長x公分

步驟 2 列出方程式

因為「長×寬＝長方形的面積」，所以可以列出下列方程式。

$$\underset{\underset{\text{長}}{\uparrow}}{x}\quad\underset{\underset{\text{寬}}{\uparrow}}{(x-6)}\quad=\quad\underset{\underset{\text{面積}}{\uparrow}}{112}$$

長 × 寬 ＝ 面積

步驟 3 解方程式

$$x(x-6)=112$$
$$x^2-6x=112$$
$$x^2-6x-112=0$$
$$(x+8)(x-14)=0$$
$$x=-8 \cdot x=14$$

將$x(x-6)$展開

進行移項讓等號的右邊為0

將左式作因式分解

步驟 4

確認所求得的解是否合乎題意

x（長）比寬多6（公分），因此x要比6大。

所以$x=14$合乎題意，但$x=-8$不合乎題意。

因此，$x=14$。

長方形的長為14公分，因此寬為$14-6=8$公分。

答案：**寬為 8 公分，長為 14 公分**

PART

9

二次方程式

1 $y = ax^2$ 及其圖形

非常
重要！

y 與 x^2 成正比 → 設 $y = ax^2$ ！

1 y 與 x^2 成正比

像 $y = 3x^2$ 與 $y = -2x^2$ 一樣，以 $y = ax^2$ 來表示時，則稱「y 與 x^2 成正比」。

例題 1 ▶ 若 y 與 x^2 成正比，當 $x = 2$ 時，$y = -12$。請回答下列問題。

（1）試以 x 的形式表示 y。　　　　　　（2）當 $x = -4$ 時，試求 y 值。

解答 ◀

（1）「以 x 的形式表示 y」就是將 x 與 y 的關係以「$y = $（包含 x 的形式）」來表示。因為 y 與 x^2
　　成正比，則可設 $y = ax^2$。接下來只要求出 a，就能以 x 的形式表示 y。

　　將 $x = 2$ 與 $y = -12$ 代入 $y = ax^2$ 中，就會得到

　　$-12 = a \times 2^2$，$-12 = 4a$，$a = -3$

　　所以 $y = -3x^2$

（2）將 -4 代入 $y = -3x^2$ 中，就會得到 $y = -3 \times (-4)^2 = -3 \times 16 = -48$

2 $y = ax^2$ 及其圖形

例題 2 ▶ $y = \frac{1}{4}x^2$，請回答下列問題。

（1）$y = \frac{1}{4}x^2$，試完成下列表格。

x	$\cdots$	-6	-4	-2	0	2	4	6	$\cdots$
y	$\cdots$								$\cdots$

（2）根據（1）的表格內的數字，畫出 $y = \frac{1}{4}x^2$ 的圖形。

（**1**）將表中各項x的值分別代入$y = \frac{1}{4}x^2$中，求出y值，如下表所示。

x	$\cdots$	-6	-4	-2	0	2	4	6	$\cdots$
y	$\cdots$	9	4	1	0	1	4	9	$\cdots$

（**2**）看著（**1**）的表格內容，在坐標平面上
標出各坐標點，並用圓滑的曲線連
接各坐標點，如右圖所示。

如此一來就能畫出$y = \frac{1}{4}x^2$的圖形。

關鍵在於不用直線而是用圓滑的曲
線連接各坐標點。

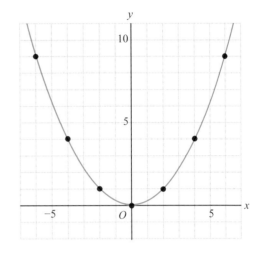

像$y = ax^2$一樣的圖形是一條曲線，稱為拋物線。
$y = ax^2$的圖形必通過原點。

完美解題的關鍵

從圖形就能看出$y = ax^2$中的a為正數還是負數！

例題2 的第（**2**）題中，可以看到$y = \frac{1}{4}x^2$的a為正

數$\left(\frac{1}{4}\right)$，因此圖形的開口朝上。

相反地，例如，像是$y = -3x^2$，a為負數（-3）
的情況，圖形的開口則朝下。所以請好好牢記
及運用。

$y = ax^2$的圖形

a為正數（$a > 0$）時 a為負數（$a < 0$）時

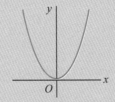
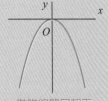

拋物線開口朝上   拋物線開口朝下

2 什麼是變化率

請掌握**變化率**即是 $\dfrac{y的變化量}{x的變化量}$!

1 什麼是變化率

變化率是用來表示**相對於x的變化量，y的變化量比**，並且能夠以 $\dfrac{y的變化量}{x的變化量}$ 的形式來表示。所謂的變化量就是指「增加了多少」。

舉例來說，如果x從2增加到5，x的變化量為$5-2=3$。此時，若y從1增加到7的話，y的變化量則為$7-1=6$。這個情況下，變化率$=\dfrac{y的變化量}{x的變化量}=\dfrac{6}{3}=2$。

2 一次函數的變化率

接下來，我們將主題拉回到一次函數，一起來看看一次函數的變化率。

例題1 已知一次函數$y=3x+1$，若x值從2變為6時，請回答下列問題。

(1)請分別回答x的變化量與y的變化量。

(2)試求此時的變化率。

解答

(1)因為x的值從2變為6，所以x的變化量為$6-2=4$

將$x=2$代入$y=3x+1$中就會得到$y=3\times2+1=7$

將$x=6$代入$y=3x+1$中就會得到$y=3\times6+1=19$

y值從7變為19，所以y的變化量為$19-7=12$

答案：x的變化量為 4，y的變化量為 12

(2)根據(1)

變化率$=\dfrac{y的變化量}{x的變化量}=\dfrac{12}{4}=3$

答案：**變化率為 3**

3 $y = ax^2$的變化率

接下來，一起來看看$y = ax^2$的變化率。

例題2 已知函數$y = -3x^2$，若x值從1變為4時，請回答下列問題。

（1）請分別回答x的變化量與y的變化量。

（2）試求此時的變化率。

解答

（1）因為x的值從1變為4，所以x的變化量為$4 - 1 = 3$

將$x = 1$代入$y = -3x^2$中就會得到$y = -3 \times 1^2 = -3$

將$x = 4$代入$y = -3x^2$中就會得到$y = -3 \times 4^2 = -48$

y值從-3變為-48，所以y的變化量為$-48 - (-3) = -45$

（變化量為-45表示「減少了45」）

答案：x的變化量為3，y的變化量為-45

（2）根據（1）

$$變化率 = \frac{y的變化量}{x的變化量} = \frac{-45}{3} = 15$$

理解了 例題 的解題方式後，請遮住答案，自己試著重新再寫一次。

完美解題的關鍵

一次函數與$y = ax^2$的變化率不同

一次函數$y = ax + b$的特性為變化率必定等於斜率a。

如果知道此一特性，即使不計算，也可以求出 例題1 的第（2）題$y = 3x + 1$的變化率為3。

另一方面，一起來看看關於$y = ax^2$的變化率。 例題2 的第（2）題$y = -3x^2$中，當x的值從1變為4時，變化率為-15。

但是，當x的值從2變為5時，求出的變化率則為-21。與先前的-15不同。

重新整理一遍後就會發現，一次函數$y = ax + b$的變化率無論何時都會等於斜率a。但相反的，$y = ax^2$的變化率則會根據x值的變化而有所不同。所以像 例題2 的解答一樣，每次必須要計算才能求出變化率。

請掌握一次函數與$y = ax^2$的變化率不同。

1 機率的定義

非常重要！

所謂的機率就是 $\dfrac{事件發生的次數}{總次數}$

1 什麼是機率

機率的算法可藉由右方公式表示。

> $機率 = \dfrac{事件發生的次數}{總次數}$

例題 1 投擲一粒骰子，得到奇數的機率為多少？

解答 投擲一粒骰子，共有6種可能會出現的情況：1、2、3、4、5、6，其中可能會出現奇數的情況有3種：1、3、5。因此，可求得機率如下：

$$機率 = \dfrac{事件發生的次數}{總次數} = \dfrac{3}{6} = \dfrac{1}{2}$$

答案：$\dfrac{1}{2}$

練習問題 1

從一副撲克牌中任意抽出一張（假設不含鬼牌），抽中黑桃的機率為多少？

解答

一副撲克牌有黑桃、紅心、方塊與梅花四種花色，共52張。而每種花色各有（2、3、…、10、J、Q、K、A）13張牌。因此從中隨機抽出一張，抽中黑桃的機率為：

$機率 = \dfrac{事件發生的次數}{總次數}$

$= \dfrac{13}{52} = \dfrac{1}{4}$

答案：$\dfrac{1}{4}$

2 畫樹狀圖求機率

樹狀圖是一種**樹枝形狀的圖形**，用來列舉一連串事件可能發生的情況。使用樹狀圖可以不重複、不遺漏地列出所有可能的情況。**試試看用畫樹狀圖解決機率問題。**

投擲兩枚均勻硬幣時，出現一正面一反面的機率為多少？

解答

將一枚硬幣設定為X，另一枚為Y。並以樹狀圖列出所有可能擲出的情況（正面、反面），如下：

　硬幣Y

正面 ── 正面
　　　　 反面★
反面 ── 正面★
　　　　 反面

由樹狀圖可知，投擲兩枚均勻硬幣，可能出現的情況共有4種。
另外，出現一正面一反面的情況有2種（以★標註）。
因此，可求得機率如下：

$$機率 = \frac{事件發生的次數}{總次數} = \frac{2}{4} = \frac{1}{2}$$

答案：$\dfrac{1}{2}$

完美解題的關鍵

不要直接作答，用畫樹狀圖解決問題！

遇到 例題2 中「投擲兩枚均勻硬幣時，出現一正面一反面的機率為多少？」相關問題時，有些學生會直接回答$\frac{1}{3}$。

會出現這樣的錯誤，大概是因為想到所有可能擲出的情況共有「正正」、「正反」、「反反」3種。

但是，如果按照 例題2 的方式，藉由畫樹狀圖進行檢驗，就能理解到所有可能出現的情況有4種。並且發現會有2種出現一正面一反面的情況，如此一來便可求得正確的機率為$\frac{2}{4} = \frac{1}{2}$。

因此請不要直接作答，用畫樹狀圖解決問題！

練習問題 2

投擲三枚均勻硬幣一次，出現兩個正面一個反面的機率為多少？

解答

將三枚硬幣各設為X、Y、Z。並以樹狀圖列出所有可能擲出的情況（正面、反面），如下：

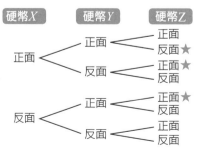

由樹狀圖可知，投擲三枚均勻硬幣，可能出現的情況共有8種。
另外，出現兩個正面一個反面的情況有3種（以★標註）。因此可求得機率如下：

$$機率 = \frac{事件發生的次數}{總次數}$$

$$= \frac{3}{8}$$

答案：$\dfrac{3}{8}$

PART
11
機率

2 投擲兩粒骰子時的機率

遇到投擲兩粒骰子的問題時，畫出表格來思考！

例題 試求投擲一大一小的兩粒骰子，出現點數和為11以上的機率。

解答

遇到投擲兩粒骰子的問題時，請畫出與下方相同的表格來思考。

大\小	1	2	3	4	5	6
1						
2						
3						
4						
5						○
6					○	○

← 和為11
← 和為12

如左表所示，投擲一大一小的兩粒骰子會出現的情形，共有6×6＝36種。

另外，以記號○表示出現點數和為11以上的情形，共有3種。

所以可求出機率為 $\frac{3}{36} = \frac{1}{12}$

答案：$\frac{1}{12}$

🕊 完美解題的關鍵

什麼是求不會發生的事件機率？

以「彩券」來說，一般會有「中獎」與「落空」2種情形。想想看，假設全部都是「中獎」的彩券。也就是說有3張彩券，而這3張全部都是「中獎的彩券」。

在這種情形下，這3張彩券無論抽到哪一張都一定會中獎，因此中獎的機率如下：

$$機率 = \frac{事件發生的次數}{總次數} = \frac{3}{3} = 1$$

也就是說「事件一定會發生的機率」為1。

從這個事件看來，某事件A不會發生的機率為

（A不會發生的機率）＝1－（A發生的機率）此公式成立。因為事件一定會發生的機率為1，所以這個公式成立。

投擲一大一小的兩粒骰子，請回答下列問題。

（1）試求出現相同點數的機率。

（2）試求出現相異點數的機率。

（3）試求出現點數乘積為6的機率。

解答

（1）畫表格來思考。

大\小	1	2	3	4	5	6
1	○					
2		○				
3			○			
4				○		
5					○	
6						○

如左表所示，投擲一大一小的兩粒骰子會出現的情形，共有6×6＝36種。

另外，以記號○表示出現相同點數的情形，共有6種。

所以可求出機率為 $\dfrac{6}{36} = \dfrac{1}{6}$。

答案：$\dfrac{1}{6}$

（2）如果以1減去「出現相同點數的機率」，就能求出點數相異的機率。

請對照前頁中 ✔️ 完美解題的關鍵

（出現相異點數的機率）＝1－（出現相同點數的機率）

$$= 1 - \frac{1}{6} = \frac{5}{6}$$

答案：$\dfrac{5}{6}$

（3）畫表格來思考。

大\小	1	2	3	4	5	6
1						○
2			○			
3		○				
4						
5						
6	○					

如左表所示，以記號○表示點數乘積為6的情形，共有4種。

所以可求出點數乘積為6的機率為 $\dfrac{4}{36} = \dfrac{1}{9}$。

答案：$\dfrac{1}{9}$

1 扇形的弧長與面積

非常
重要!

記住扇形公式的口訣為「乘上 $\dfrac{圓心角}{360}$」！

1 什麼是扇形

圓周的一部分稱為弧。而**弧和兩個半徑所圍成的圖形，稱為扇形**。

另外，**扇形中以兩半徑為邊所夾的角，稱為圓心角**。

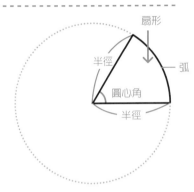

2 扇形的弧長與面積求法

國小時所學的算術中，大多使用3.14作為圓周率，但是國中數學中將圓周率以文字符號 π（讀作pài）來表示。

扇形公式
的記法

口訣為「乘上 $\dfrac{圓心角}{360}$」！

藉由下方公式求扇形的弧長與面積。將「乘上 $\dfrac{圓心角}{360}$」作為口訣放入圓周長與圓面積的公式中，就更容易記住。

$$扇形的弧長 = \underbrace{半徑 \times 2 \times \pi}_{圓周長公式} \times \underbrace{\dfrac{圓心角}{360}}_{乘上\,\frac{圓心角}{360}}$$

$$扇形的面積 = \underbrace{半徑 \times 半徑 \times \pi}_{圓面積公式} \times \underbrace{\dfrac{圓心角}{360}}_{乘上\,\frac{圓心角}{360}}$$

※因為「圓周長＝直徑
 $\times \pi$＝半徑$\times 2 \times \pi$」，
 所以此處使用「圓周長
 ＝半徑$\times 2 \times \pi$」

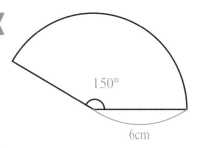

例題

試求左圖中扇形的弧長與面積分別爲多少？

解答

由上圖可知半徑爲6公分，圓心角爲150度，因此將半徑與圓心角分別放入公式中計算。

扇形的弧長
$$=半徑\times 2\times\pi\times\frac{圓心角}{360}$$

$$=6\times 2\times\pi\times\frac{150}{360}$$
$$=\overset{1}{6}\times 2\times\pi\times\frac{5}{\underset{1}{12}}$$
$$=5\pi \text{（cm）}$$

接下來再求面積。

扇形的面積
$$=半徑\times半徑\times\pi\times\frac{圓心角}{360}$$

$$=6\times 6\times\pi\times\frac{150}{360}$$
$$=\overset{1}{6}\times\overset{3}{6}\times\pi\times\frac{5}{\underset{1}{12}}$$
$$=15\pi \text{（cm}^2\text{）}$$

答案：**弧長爲 5π 公分，半徑爲 15π 平方公分。**

 完美解題的關鍵

求扇形面積的另一項公式爲何？
求扇形面積的公式還有另外一項。就是下方公式。

扇形的面積＝$\frac{1}{2}\times$弧長$\times$半徑

一旦知道此公式，就能夠輕鬆地解決與右方類似的問題。

[例] 試求下列扇形面積。

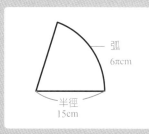

解法

扇形的面積＝$\frac{1}{2}\times$弧長$\times$半徑
　　　　　＝$\frac{1}{2}\times 6\pi\times 15=\underline{45\pi}\text{（cm}^2\text{）}$

PART
12

平面圖形之一

2 對頂角、同位角、內錯角

非常
重要!

兩條直線平行時 { ・**同位角**相等
・**內錯角**相等 }

1 什麼是對頂角

兩條直線相交時，互相對著的角稱為對頂角。

並且互為對頂角的兩個角相等，也就是具有「對頂角相等」的性質。

右圖中，∠a 與 ∠c 為對頂角，所以相等。

另外，∠b 與 ∠d 也為對頂角，所以相等。

國中數學中，以記號 ∠ 表示角。

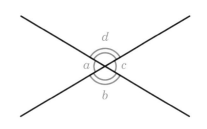

2 同位角與內錯角

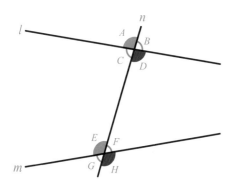

如左圖所示，直線 n 為兩直線 l 與 m 的截線。

此時，像 ∠A 與 ∠E、∠B 與 ∠F、∠C 與 ∠G、∠D 與 ∠H 這些對應位置一樣的角，都稱為同位角。

另外，像 ∠C 與 ∠F、∠D 與 ∠E 這些位置上的角，則稱為內錯角。

直線 l 與 m 相互平行時，則使用平行記號 //，並表示為 l // m。

l // m 時，下列敘述成立。

① 同位角相等
② 內錯角相等

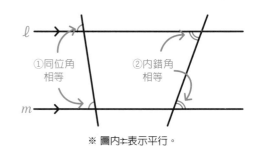

① 同位角相等   ② 內錯角相等

※ 圖內 ⊢ 表示平行。

完美解題的關鍵

內錯角可分為4種類型！

教導國中生時，經常會有許多學生對於哪個角與哪個角是內錯角感到困惑。

有鑑於此，作者將內錯角分為下列4種類型來講解。

像這樣將內錯角分為4種類型並逐一講解後，能夠順利理解的學生增加了許多。因此相當推薦這個方式。

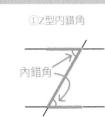
①Z型內錯角

②壓扁的Z型內錯角

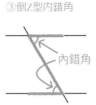
③倒Z型內錯角

④壓扁的倒Z型內錯角

例題 圖中，若 $l \parallel m$，試求 $\angle a \sim \angle e$ 的角度。

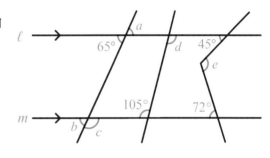

解答

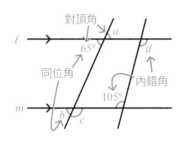

$65°$的角與 $\angle a$ 為對頂角，因此 $65°$ 的角與 $\angle a$ 相等。所以 $\angle a = 65°$。

$65°$的角與 $\angle b$ 為同位角，兩直線平行時同位角相等，所以 $\angle b = 65°$。

直線上所有角的總和為 $180°$，因此若將 $180°$ 減去 $65°$（$\angle b$）就能求出 $\angle c$。所以 $\angle c = 180° - 65° = 115°$。

$105°$的角與 $\angle d$ 為內錯角，兩直線平行時內錯角相等，所以 $\angle d = 105°$。

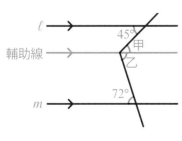

如左圖所示，為了求 $\angle e$ 的角度，請再畫出一條與直線 l 及 m 平行的輔助線。將 $\angle e$ 切割為 $\angle$甲 和 $\angle$乙。輔助線是為了解題而畫出的一條線。

如此一來，$45°$的角與 $\angle$甲、$72°$的角與 $\angle$乙 則成為內錯角。

兩直線平行時內錯角相等，所以 $\angle$甲 $= 45°$，$\angle$乙 $= 72°$。因此 $\angle e = \angle$甲 $+ \angle$乙 $= 45° + 72° = 117°$。

答案：$\angle a = 65°$，$\angle b = 65°$，$\angle c = 115°$，$\angle d = 105°$，$\angle e = 117°$

3 多角形的內角與外角

非常重要！ **請掌握下列2項性質！**

n角形的內角和$=180°×(n-2)$

多角形的外角和**為**$360°$

1 多角形的內角

多角形是指像三角形、四角形、五角形等，由直線所圍成的圖形。

一起來看看多角形的內角。

內角是指在多角形中兩直線內側的角。

三角形的內角和為$180°$，所以四角形的內角和為$360°$。

藉由右方公式可求出多角形的內角和。

內角和為 $180°$

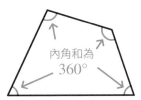
內角和為 $360°$

n角形的內角和$=180°×(n-2)$

例題 試求下圖中$\angle x$的角度。

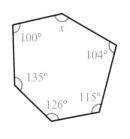

解答

此圖形為六角形。

藉由n角形的內角和$=180°×(n-2)$的公式，

可求出六角形的內角和$=180°×(6-2)=720°$。

將$720°$減去$\angle x$以外的5個內角，就會得到

$\angle x=720°-(100°+135°+126°+115°+104°)$

$=720°-580°=\underline{\underline{140°}}$。

👆 練習問題 1

試求正八角形中一個內角的角度度數。

解答

藉由n角形的內角和$=180°×(n-2)$的公式，可求出八角形的內角和$=180°×(8-2)=1080°$。

正八角形的所有內角都相等，因此若將$1080°$除以8，即可求出一個內角的角度。

$1080°÷8=135°$

2 多角形的外角

由多角形的一邊和鄰邊的延長線所形成的角度，稱為外角。

如右圖所示，多角形中每一個頂點都會有兩個外角。

並且因為兩個外角互為對頂角，所以相等。

多角形具有**任何多角形的外角和皆為**$360°$的性質。

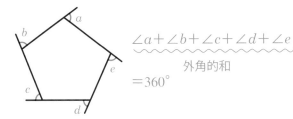

$$\underbrace{∠a+∠b+∠c+∠d+∠e}_{外角的和}$$
$$=360°$$

🕊 完美解題的關鍵

正確理解「多角形的外角和為$360°$」的意思！

多角形中，每一個頂點都會有2個外角。

但是，所謂的「多角形的外角和為$360°$」是指基於每一個頂點只有1個外角，且其和為$360°$的意思。

也就是說，**圖1** 中外角$∠A\sim∠E$的和為$360°$。但是在 **圖2** 中，每一個頂點都有2個外角，也就是$∠F\sim∠O$的和為$360×2=720°$。

因此請注意「多角形的外角和為$360°$」的意思。

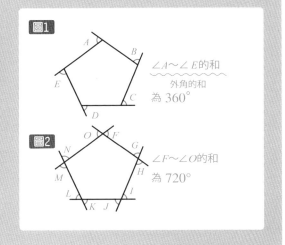

圖1 $∠A\sim∠E$的和　外角的和　為 $360°$

圖2 $∠F\sim∠O$的和　為 $720°$

✍ 練習問題 2

試求下圖中$∠A$的角度。

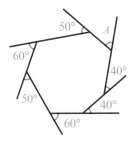

解答

多角形的外角和為$360°$。因此若將$360°$減去$∠A$以外的其他外角和，就能求出$∠A$的角度。

$∠A=360°-(50°+60°+50°+60°+40°+40°)$
$\quad\;\,=360°-300°=60°$

平面圖形之一

1 三角形的全等條件

非常
重要！

掌握三角形的3**個全等條件！**

1 什麼是全等

當兩個圖形經過移動後可以完全疊合的時候，我們稱這兩個圖形爲全等圖形。簡單地
說，**形狀、大小相同**，可以完全疊合的圖形稱爲全等圖形。

將三角形ABC以$\triangle ABC$來表示。另外，
當$\triangle ABC$與$\triangle DEF$全等時，則使用記號
$\cong$，並以$\triangle ABC \cong \triangle DEF$來表示。
全等圖形中，疊合在一起的頂點稱爲對
應頂點，疊合在一起的邊稱爲對應邊，
疊合在一起的角稱爲對應角。
同時，全等圖形具有對應邊邊長相等，
且對應角角度也相等的性質。

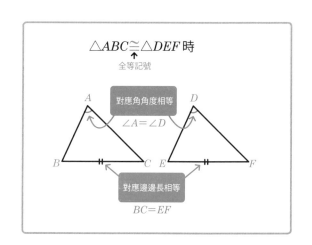

2 三角形的全等條件

下列3項條件中有1項成立時，就可稱兩個三角形爲全等三角形。

> **三角形的全等條件**
>
> ①當兩個三角形的3邊分別　　②當兩個三角形的2邊及　　③當兩個三角形的2角及
> 　對應相等。（SSS全等）　　　其夾角分別對應相等。　　　其夾邊分別對應相等。
> 　　　　　　　　　　　　　　　（SAS全等）　　　　　　　（ASA全等）
>
> 　　 　　
>
> 　　　　　　　　　　　　　　　　　　　夾角　　　　　　　　　2角

請從下圖找出所有全等的三角形,並使用≅記號作答,再說明是根據何種全等條件。

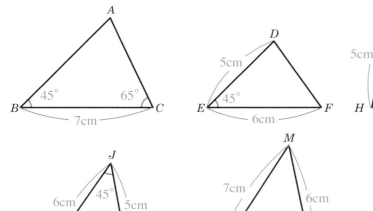

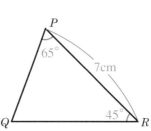

解答

△ABC與△QRP中,

$\overline{BC}=\overline{RP}$、∠B=∠R、∠C=∠P,當兩個三角形的2角及其夾邊分別對應相等,則可判定兩個三角形全等。所以△ABC≅△QRP。(ASA全等)

△DEF與△LJK中,

$\overline{DE}=\overline{LJ}$、$\overline{EF}=\overline{JK}$、∠E=∠J,當兩個三角形的2邊及其夾角分別對應相等,則可判定兩個三角形全等。所以△DEF≅△LJK。(SAS全等)

△GHI與△NOM中,

$\overline{GH}=\overline{NO}$、$\overline{HI}=\overline{OM}$、$\overline{IG}=\overline{MN}$,當兩個三角形的3邊分別對應相等,則可判定兩個三角形全等。所以△GHI≅△NOM。(SSS全等)

完美解題的關鍵

依照對應的順序來寫!

舉例來說,例題的△ABC與△QRP中,∠A與∠Q、∠B與∠R、∠C與∠P分別對應(完全疊合)。所以,必須要依照對應的順序△ABC≅△QRP來寫。

如果沒有依照對應的順序,而將它寫成像△ABC≅△RPQ,如此一來,在考試中就有可能會被扣分,或是無法得分。

在表示邊與角時,也請依照對應的順序來寫。

2 證明三角形的全等

非常
重要！

掌握證明的步驟！

1 什麼是假設、結論、證明

若藉由「○○○的話□□□」的形式來表示，○○○的部分稱爲假設、□□□的部分則稱爲結論。換句話說，假設就是**問題中所有已知的條件**，結論就是**透過所有已知的條件，來得到想要知道的結果**，並且可以藉由假設得到結論。接下來，再**根據假設，有系統地分析出結論**，這個過程就稱爲證明。

2 三角形的全等證明題

例題

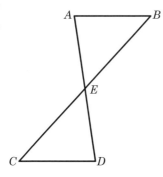

根據左圖，若 $\overline{AB}//\overline{CD}$、$\overline{EB}=\overline{EC}$，請回答下列問題：

（1）試證明 $\triangle AEB \cong \triangle DEC$。
（2）試證明 $\overline{EA}=\overline{ED}$。

解答

（1）　$\triangle AEB$ 與 $\triangle DEC$ 中　　← 首先，先寫出所要證明的全等三角形

根據假設　$\overline{EB}=\overline{EC}$　……①　← 寫出假設（問題中所有已知的條件）

因爲對頂角相等，所以　$\angle AEB = \angle DEC$　……②

$\overline{AB}//\overline{CD}$，平行線的內錯角相等，所以　← 有關角的表示方法，請參考下一頁 🔵 **完美解題的關鍵**

$\angle EBA = \angle ECD$　……③

由①、②、③判定兩個三角形的 <u>2角及其夾邊分別對應相等</u>，因此

兩個三角形全等，所以　← 寫出三角形的全等條件

$\triangle AEB \cong \triangle DEC$

← 寫出結論，完成證明

(2) 從例題(1)得知△AEB≅△DEC。

因為全等圖形的對應邊邊長相等，所以$\overline{EA}=\overline{ED}$。

※「全等圖形的對應邊邊長相等」是在第104頁中學過的性質。

例題 的總整理

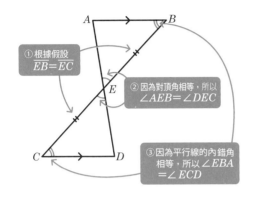

將例題(1)中的①～③以左圖表示。

①根據假設$\overline{EB}=\overline{EC}$

②因為對頂角相等，所以

   ∠AEB = ∠DEC

③因為平行線的內錯角相等，所以

   ∠EBA = ∠ECD

①根據假設$\overline{EB}=\overline{EC}$

②因為對頂角相等，所以∠AEB=∠DEC

③因為平行線的內錯角相等，所以∠EBA=∠ECD

理解了 例題 的解題方式後，請遮住答案，自己試著重新再寫一次。

完美解題的關鍵

請注意角的表示方法！

之前已經說明過，我們會用∠O來表示 圖1 中的※角。

並且，有時也會用3個大寫字母及符號「∠」來表示※角，像是∠AOB或是∠BOA。

接下來請看 圖2 。

在 圖2 中，我們沒辦法確定∠O所表示的是甲角，還是乙角，又或者是用來表示甲角與乙角所構成的角。所以，如果遇到像 圖2 這種情況，就要用3個大寫字母來表示。

例如，請用∠AOC來表示甲角、∠COB來表示乙角。

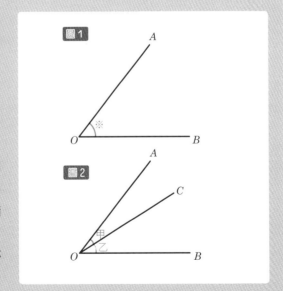

3 平行四邊形的性質與證明題

非常
重要!

請掌握平行四邊形的3項性質!

四角形中相對的邊，稱為對邊。

另外，**四角形中相對的角**，稱為對角。

2組對邊互相平行的四角形，稱為平行四邊形。

平行四邊形

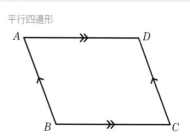

平行四邊形中，具有下列3項性質。

平行四邊形的3項性質

①2組對邊相等

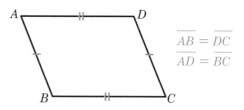

$$\overline{AB} = \overline{DC}$$
$$\overline{AD} = \overline{BC}$$

②2組對角相等

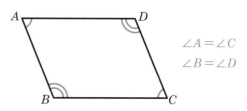

$$\angle A = \angle C$$
$$\angle B = \angle D$$

③對角線互相平分

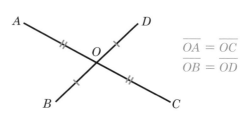

$$\overline{OA} = \overline{OC}$$
$$\overline{OB} = \overline{OD}$$

什麼是定義？什麼是定理？

在學習國中數學時，會看到定義和定理這樣的用詞。因為這兩個用詞很容易令人混淆，所以本書幫大家整理了一下。

定義與定理的真正涵義

定義——指**能夠清楚說明語詞涵義的事物**。

定理——指**以定義為基礎所證明出來的事物**。

但是，上述的說明相當難懂，因此只要能掌握下列內容即可。

定義——**字典所記載的涵義**

定理——**性質**

例如，如果在字典中查詢「平行四邊形」一詞，字典中會記載「2組對邊互相平行的四角形」這樣的涵義，這就是平行四邊形的定義。

而在前頁中所介紹平行四邊形的3項性質，這就是平行四邊形的定理。

只要能掌握上述內容，就比較容易理解定義與定理的用詞。

例題

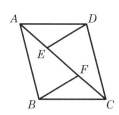

如左圖，在平行四邊形$ABCD$的對角線$\overline{AC}$上取2點E、F，且$\overline{AE}=\overline{CF}$，試證明$\overline{DE}=\overline{BF}$。

解答

$\triangle AED$與$\triangle CFB$中

首先，先寫出所要證明的全等三角形

根據假設　$\overline{AE}=\overline{CF}$　……①

寫出假設（問題中所有已知的條件）

因為平行四邊形的對邊相等，所以　$\overline{AD}=\overline{CB}$　……②

平行四邊形的定理（性質）

因為平行四邊形的對邊相互平行，所以　$\overline{AD}/\!/\overline{CB}$

平行四邊形的定義（涵義）

因為平行線的內錯角相等，所以

$\angle DAE=\angle BCF$　……③

根據①、②、③判定兩個三角形的2邊及其夾角分別對應相等，

因此兩個三角形全等，所以$\triangle AED\cong\triangle CFB$

寫出三角形的全等條件

因為全等圖形的對應邊邊長相等，所以：

$\overline{DE}=\overline{BF}$　← 寫出結論，完成證明

例題 的總整理

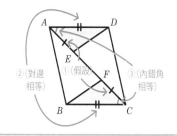

②（對邊相等）　①（假設）　③（內錯角相等）

將 例題 中的①～③以左圖表示。

理解了例題的解題方式後，請遮住答案，自己試著重新再寫一次。

4 什麼是相似

非常
重要!

相似圖形 { ・所有對應邊的邊長成比例
・對應角的角度相等

將一個圖形按比例放大（或縮小）後，可得出與原圖形相似的新圖形，則這兩個圖形稱為相似圖形。簡而言之，**形狀相似但大小不同**的圖形就是相似圖形。

將 **圖1** 中△ABC的所有邊長放大2倍後，可得到△DEF。

圖1 中△ABC與△DEF相似。並且可以用「～」記號來表示△ABC與△DEF相似，寫作△ABC～△DEF。

圖1

所有邊長放大2倍

兩個相似的圖形的其中一個圖形放大（縮小）後，與另一個圖形重疊的點、邊、角分別稱為對應點、對應邊、對應角（請參考 **圖2** ）。

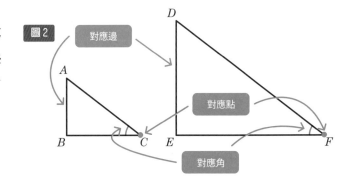

圖2

對應邊

對應點

對應角

相似圖形中對應邊長的比例稱為相似比。

以 **圖1** 為例，$\overline{AB}$所對應的是$\overline{DE}$。

△ABC與△DEF中對應邊長的比例（相似比），無論哪一邊都是1：2，如下列所示。

$\overline{AB}$：$\overline{DE}$＝3公分：6公分＝1：2

$\overline{BC}$：$\overline{EF}$＝4公分：8公分＝1：2

$\overline{CA}$：$\overline{FD}$＝5公分：10公分＝1：2

由此可知，相似圖形具有所有對應邊的邊長都成比例的性質。

另外相似圖形也具有對應角的角度相等的性質。

完美解題的關鍵

比例式的內項乘積等於外項乘積！

像 $A:B=C:D$ 這樣表示比值相等的式子就稱**為比例式**。

位於比例式內側的 B 與 C 稱為內項，外側的 A 與 C 稱為外項。

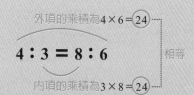

$$\overset{\text{外項}}{\overparen{A:B=C:D}}$$
$$\underset{\text{內項}}{\underparen{}}$$

比例式中具有內項乘積等於外項乘積的性質。

舉例來說，只要藉由 $4:3=8:6$ 的比例式來確認，就能得知比例式中內項的乘積等於外項的乘積。

因此，下列公式成立。

$$A:B=C:D$$
可知
$$\underset{\substack{\uparrow \\ \text{內項的乘積}}}{\underline{BC}}=\underset{\substack{\uparrow \\ \text{外項的乘積}}}{\underline{AD}}$$

遇到與像下方 **練習問題** 一樣，試求相似圖形邊長的問題時，有時就可以運用比例式的性質來解題。

練習問題

在右圖中，$\triangle ABC \sim \triangle DEF$ 時，試回答下列問題。

(1) 試求 $\triangle ABC$ 與 $\triangle DEF$ 的相似比。

(2) 試求 $\overline{DE}$ 的邊長。

(3) 試求 $\angle A$ 的角度。

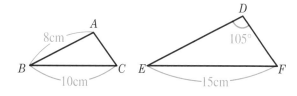

解答

(1) 相似比是指對應邊長的比。
　　因為 $\overline{BC}$（10公分）所對應的是 $\overline{EF}$（15公分），所以相似比為 $10:15=2:3$

(2) 因為相似圖形中所有對應邊長成比例，所以

$$\overset{\overline{AB}}{\downarrow} \quad \overset{\text{相似比}}{\downarrow}$$
$$8:\overline{DE}=2:3$$

因為內項乘積等於外項乘積，所以

$$\underset{\text{內項乘積}}{\overline{DE}\times 2}=\underset{\text{外項乘積}}{8\times 3}$$

$$\overline{DE}=24\div 2=12 \text{ 公分}$$

(3) 相似圖形中對應角的角度相等。
　　因為 $\angle A$ 所對應的是 $\angle D$（$=105°$），所以 $\angle A$ 的角度為 $105°$

5 三角形的相似條件

非常
重要！

請掌握三角形的3個相似條件！

兩個三角形只要符合下列3個相似條件的任一種，即可判定兩個三角形為相似。

三角形的相似條件

①3邊對應成比例，則兩個三角形相似。→$a : d = b : e = c : f$

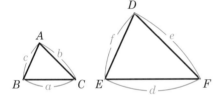

②2邊對應成比例，及其夾角相等，則兩個三角形相似。

→$a : d = c : f$ 與 $\angle B = \angle E$

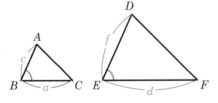

③2角對應相等，則兩個三角形相似。→ $\angle B = \angle E$ 與 $\angle C = \angle F$

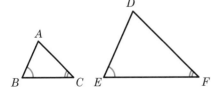

完美解題的關鍵

請掌握三角形全等條件與相似條件的差異！
三角形的全等條件與相似條件具有相似的部分。在此，掌握其中的差異性也是學習的重點。特別是，第3個條件的差異相當大，因此更要區分出其中的差別。

三角形的 全等 條件
①3邊分別對應相等。
②2邊及其夾角分別對應相等。
③2角及其夾邊分別對應相等。

三角形的 相似 條件
①3邊對應成比例。
②2邊對應成比例，及其夾角相等。
③2角對應相等。

請從下圖找出所有相似的三角形，並說明是根據何種相似條件。

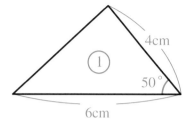 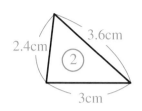 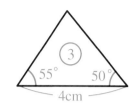

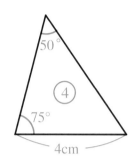 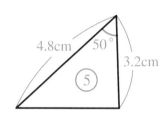 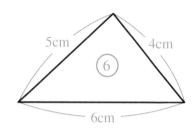

解答

三角形①與⑤的2邊對應比例為

4：3.2＝6：4.8（＝5：4），

且其夾角皆為50°。

三角形①與⑤的2邊對應成比例，及其夾角相等，因此判定兩個三角形為相似。

三角形②與⑥的3邊對應比例為

2.4：4＝3：5＝3.6：6。

三角形②與⑥的3邊對應成比例，因此判定兩個三角形為相似。

三角形③與④的3個內角皆為55°、50°、75°（因為三角形的內角和為180°，所以用180°減去其中2角的和，就能求出剩下那個角的角度）。

三角形③與④的2角對應相等，因此判定兩個三角形為相似。

答案： 三角形①與⑤相似（2邊對應成比例，及其夾角相等）。
三角形②與⑥相似（3邊對應成比例）。
三角形③與④相似（2角對應相等）。

6 畢氏定理

非常
重要!

請掌握畢氏定理：$a^2 + b^2 = c^2$

1 什麼是畢氏定理

有一個角是直角（90°）的三角形，稱
為直角三角形。

直角三角形中，直角所對應的邊，稱
為斜邊。而**直角的兩邊**，稱為股邊。

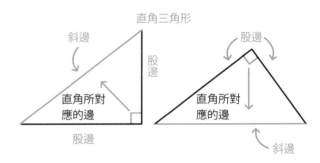

直角三角形
斜邊
股邊
直角所對應的邊
股邊
股邊
直角所對應的邊
斜邊

畢氏定理

如果設直角三角形的2條股邊長分別為a和b，
斜邊長為c，則下列關係成立，
並且將它稱為畢氏定理。

$$a^2 + b^2 = c^2$$

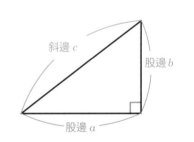

斜邊 c
股邊 b
股邊 a

✎ **練習問題 1**

根據下圖，分別求出各題中 x 的值。

（**1**）

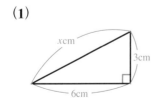

$x$cm
3cm
6cm

（**2**）

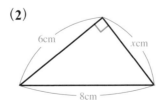

6cm
$x$cm
8cm

（1）x公分的邊為斜邊。

根據畢氏定理可知，$3^2+6^2=x^2$

$x^2=9+36=45$

因為$x>0$，所以 $\quad$ $x=\pm\sqrt{45}$ ，但x為邊長，所以只能是正數

$x=\sqrt{45}=3\sqrt{5}$

（2）8公分的邊為斜邊。

根據畢氏定理可知，$6^2+x^2=8^2$

$x^2=64-36=28$

因為$x>0$，所以 $\quad$ $x=\pm\sqrt{28}$ ，但x為邊長，所以只能是正數

$x=\sqrt{28}=2\sqrt{7}$

2 畢氏定理與特殊直角三角形

特殊直角三角形包含各角角度為$30°$、$60°$和$90°$的直角三角形，以及$45°$、$45°$和$90°$的等腰直角三角形2種。

這2種特殊直角三角形的各邊的比例，如右圖所示。

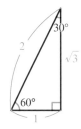

3邊的比例為 $1:2:\sqrt{3}$ $\qquad$ 3邊的比例為 $1:1:\sqrt{2}$

完美解題的關鍵

請熟記2種特殊直角三角形的3邊比例！

2種特殊三角形的3邊比例分別為「$1:2:\sqrt{3}$」與「$1:1:\sqrt{2}$」在國中數學中是需要熟記的規則。

這是因為，會出現像 **練習問題2** 一樣，必須熟記各邊比例才能夠作答的問題。

練習問題 2

根據右圖，分別求出各題中 x 的值。

（1）

（2）

（1）因為是各角角度為$30°$、$60°$和$90°$的直角三角形，

所以3邊的比例為$1:2:\sqrt{3}$

$\overline{AC}:\overline{BC}=9:x=2:\sqrt{3}$

因為比例式的內項乘積等於外項乘積，所以

$2x=9\sqrt{3}$

$x=\dfrac{9\sqrt{3}}{2}$

（2）因為是各角角度為$45°$、$45°$和$90°$的直角三角形，

所以3邊的比例為$1:1:\sqrt{2}$

$\overline{DF}:\overline{EF}=x:6=1:\sqrt{2}$

因為比例式的內項乘積等於外項乘積，所以

$\sqrt{2}\times x=6$

$x=\dfrac{6}{\sqrt{2}}=\dfrac{6\sqrt{2}}{2}=3\sqrt{2}$

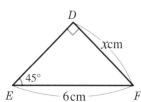

PART

13

平面圖形之二

7 圓周角定理

非常
重要！ 一個弧所對應的
圓周角角度 { • 皆不變（相同）。
• 等於其所對應之圓心角的一半。

圓周的一部分稱爲弧。右圖中，圓周上的一部分，也就是
藍色的部分稱爲弧AB，並以 $\overparen{AB}$ 來表示。另外，**連結圓周
上任意2點的線段**稱爲弦。

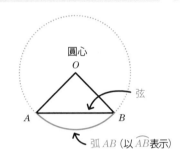

如右圖所示，在圓周上取3點A、B、P時，$\overparen{AB}$ 所對應的
∠APB稱爲**圓周角**。

另外能連結圓心O以及點A、點B的∠AOB稱爲**圓心角**。

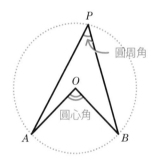

圓周角中具有下列2個定理。

圓周角定理

①**一個弧所對應的圓周角角度皆不變
（相同）**。

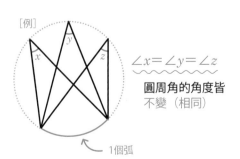

∠x＝∠y＝∠z
～～～～～～
圓周角的角度皆
不變（相同）

②**一個弧所對應的圓周角角度，等於
其所對應之圓心角的一半**。

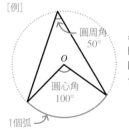

舉例來說
圓心角為100°時，
圓周角則為它的一半，
也就是50°

以點 O 為圓心，試求下圖中∠甲～∠丁的角度。

(1)

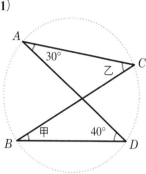

(2)

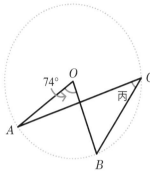

(3)

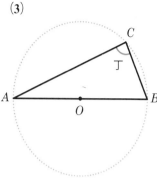

解答

(1) ∠甲與∠CAD（＝30°）皆為 $\overset{\frown}{CD}$ 所對應的圓周角。
因為1個弧所對應的圓周角角度皆不變（相同），所以
∠甲＝∠CAD＝30°
∠乙與∠ADB（＝40°）皆為 $\overset{\frown}{AB}$ 所對應的圓周角。
因為1個弧所對應的圓周角角度皆不變（相同），所以
∠乙＝∠ADB＝40°

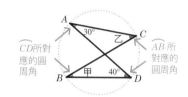

(2) ∠丙為 $\overset{\frown}{AB}$ 所對應的圓周角，∠AOB（＝74°）為 $\overset{\frown}{AB}$ 所對應的圓心角。
因為1個弧所對應的圓周角角度，等於其所對應之圓心角的一半，所以
∠丙＝∠AOB÷2＝74°÷2＝37°

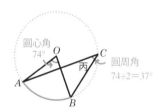

(3) ∠AOB為 $\overset{\frown}{AB}$ 所對應的圓心角，∠AOB為兩邊成一直線的角，因此其度數為180°。
另外，∠丁為 $\overset{\frown}{AB}$ 所對應的圓周角。
因為1個弧所對應的圓周角角度，等於其所對應之圓心角的一半，所以
∠丁＝∠AOB÷2＝180°÷2＝90°

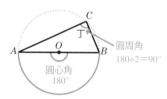

🐦 完美解題的關鍵

半圓弧所對應的圓周角必為直角！

練習問題 的第(3)題中，半圓弧$\overset{\frown}{AB}$所對應的圓周角∠丁為90°（直角）。

如右圖所示，半圓弧所對應的圓周角必為直角，因此請務必掌握此性質。

半圓弧所對應的圓周角皆為直角

1 柱體的表面積

非常
重要！

掌握角柱與圓柱的表面積公式為側面積＋底面積×2！

國小時所學的數學中，已經學過有關角柱與圓柱的體積求法。

而在國中數學中，將學習有關角柱與圓柱的表面積求法。

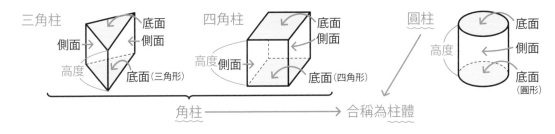

上圖中，像左1與左2一樣的立體圖形稱為角柱，而像最右邊一樣的立體圖形稱為圓柱。

另外，我們將角柱與圓柱合稱為柱體。

底面──2個上下平行且全等的面。

底面積──1個底面的面積。

側面──角柱周圍的長方形（或是正方形）；圓柱周圍的曲面。

側面積──所有側面的面積和。

表面積──1個立體圖形所有面的面積總和。

柱體（角柱與圓柱）的表面積，都能用右
方公式來求得。

> 柱體的表面積＝側面積＋底面積×2

另外，立體圖形的表面積與其展開圖（將立體圖形以剪刀等切開後，所展開的平面圖）

的面積相同。

例題 試求出下列立體圖形的表面積。

（1）
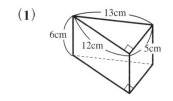

（2）
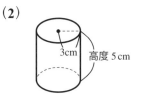

（1）此立體圖形為三角柱。此三角柱的展開圖，如 圖1 所示。

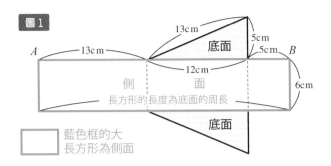

圖1

藍色框的大
長方形為側面

只要求出展開圖的面積，就能求出表面積。

首先，先求出側面積（側面的長方形的面積）。

側面長方形的長度（圖中的 $\overline{AB}$），等於底面周圍的長度（周長）。

因此，側面積為　$\underset{\text{高度}\times}{6} \times \underset{\text{底面周長}}{(13+12+5)} = 180\,(\text{cm}^2)$

又，底面積為　$12 \times 5 \div 2 = 30\,(\text{cm}^2)$

因此，表面積為　$\underset{\text{側面積}+\text{底面積}\times2}{180 + 30 \times 2} = 240\,(\text{cm}^2)$

答案：240 平方公分

（2）此立體圖形為圓柱。此圓柱的展開圖如 圖2 所示。

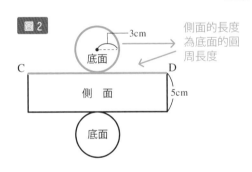

圖2

側面的長度
為底面的圓
周長度

只要求出展開圖的面積，就能求表面積。

首先，先求出側面積（側面長方形的面積）。

將側面的長方形折疊卷起來，並與底面的圓貼合後，就能成為圓柱。

因此，可以得知側面長方形的長度（圖中的 $\overline{CD}$），等於底面的圓周長度。

因此，側面積為　$\underset{\text{高度}\times}{5} \times \underset{\text{底面的圓周長度}}{(3 \times 2 \times \pi)} = 30\pi\,(\text{cm}^2)$

又，底面積為　$3 \times 3 \times \pi = 9\pi\,(\text{cm}^2)$

因此，表面積為　$\underset{\text{側面積}+\text{底面積}\times2}{30\pi + 9\pi \times 2} = 48\pi\,(\text{cm}^2)$

答案：48π 平方公分

完美解題的關鍵

藉由「高度×底面周長」來求柱體的側面積！要求出 例題 （1）中三角柱的側面積，以及 例題 （2）中圓柱的側面積時，都是使用「柱體的側面積＝高度×底面周長」的公式。

因為無論在求角柱或圓柱的側面積時都可以使用，所以最好把它記下來。

2 錐體及球體的體積與表面積 ①

非常
重要！
藉由 $\frac{1}{3}$×底面積×高度 來求 角錐及圓錐的體積！
藉由 側面積＋底面積 來求 角錐及圓錐的表面積！

1 錐體的體積求法

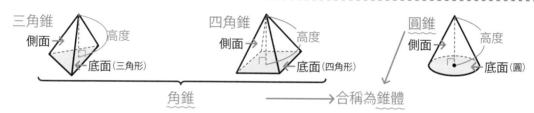

上圖中，像左1與左2一樣的立體圖形稱為角錐，而像最右邊一樣的立體圖形稱為圓錐。
另外，我們將角錐與圓錐合稱為錐體。錐體的特徵為具有尖端的部分。

可藉由右方公式來求錐體（角錐與圓錐）
的體積。

> 錐體的體積＝$\frac{1}{3}$×底面積×高度

 完美解題的關鍵

請不要忘記乘上 $\frac{1}{3}$ ！

要求錐體的體積時，請注意不要犯下忘記乘上
$\frac{1}{3}$ 的錯誤。

請掌握求柱體的體積時不需要乘上 $\frac{1}{3}$，

但求錐體的體積時要乘上 $\frac{1}{3}$。

> 柱體的體積 ＝ 底面積×高度　　錐體的體積 ＝ $\frac{1}{3}$×底面積×高度

🖐 練習問題 1

試求右方立體圖形
的體積。

(1) 底面為邊長 5 公分
的正方形

高度6cm

5cm
5cm

(2)

高度3cm

2cm

解答

(1) 因為角錐的體積＝$\frac{1}{3}$×底面積×高度，所以

$$\frac{1}{3} \times \underset{\substack{\uparrow \\ \text{底面積}}}{\underline{5 \times 5}} \times \underset{\substack{\uparrow \\ \text{高度}}}{\underline{6}} = 50\text{cm}^3$$

$\frac{1}{3}$×底面積×高度

(2) 因為圓錐的體積＝$\frac{1}{3}$×底面積×高度，所以

$$\frac{1}{3} \times \underset{\substack{\uparrow \\ \text{底面積}}}{\underline{2 \times 2 \times \pi}} \times \underset{\substack{\uparrow \\ \text{高度}}}{\underline{3}} = 4\pi \text{ cm}^3$$

$\frac{1}{3}$× 底面積 ×高度

2 錐體的表面積求法

可藉由下列公式來求錐體（角錐與圓錐）的表面積。

> 錐體的表面積＝側面積＋底面積

舉例說明錐體的表面積求法。

試求右方 圖1 中圓錐的表面積。

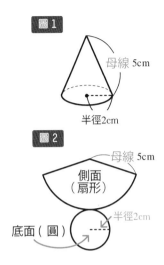

圖1

母線 5cm

半徑2cm

圖2

母線 5cm

側面（扇形）

半徑2cm

底面（圓）

圖1 的圓錐中，5公分的部分稱為母線。

此圓錐的展開圖，如 圖2 所示。

如 圖2 所示，圓錐的展開圖中，側面為扇形，底面為圓形。

首先，先求出此圓錐的**側面積**（側面的扇形面積）。利用下列公式可求出圓錐的側面積。

圓錐的側面積公式

口訣為「媽媽（慢）半拍」！

$$圓錐的側面積＝母線 \times 半徑 \times \pi$$

口訣→「媽媽（慢）半　拍」

根據此公式，圖1 中，圓錐的**側面積**（側面的扇形面積）為

$$\underset{母線}{5} \times \underset{半徑}{2} \times \underset{\pi}{\pi} = 10\pi \ (\text{cm}^2)$$

圖1 中，圓錐的底面半徑為2公分，因此**底面積**（底面的圓面積）為

$$2 \times 2 \times \pi = 4\pi \ (\text{cm}^2)$$

所以 圖1 中，圓錐的**表面積**為 $\underset{側面積}{10\pi} + \underset{底面積}{4\pi} = 14\pi \ \text{cm}^2$

下一單元，將繼續練習如何求出錐體的表面積。

3 錐體及球體的體積與表面積 ②

非常
重要！ **記住球體體積的公式！**
記住球體表面積的公式！

3 練習求出錐體的表面積

一起練習求出錐體（角錐與圓錐）的表面積。

✍ 練習問題 2

試求右方立體圖形
的表面積。

(1) 底面為邊長5公分的
正方形，側面為4個
全等三角形。

(2)

解答

(1) 此立體圖形為四角錐。

因為，此四角錐的側面為4個全等三角形（底邊5公分、高度8公分）。

又，此四角錐的底面為邊長5公分的正方形。

因此，此四角錐的表面積求法如下所示。

三角形的面積

$$\underbrace{5 \times 8 \div 2 \times 4}_{\text{側面積}} + \underbrace{5 \times 5}_{\text{底面積}} = 80 + 25 = \underline{105\,\text{cm}^2}$$

(2) 此立體圖形為圓錐。

因為圓錐的側面積＝母線×半徑×π，

因此，此圓錐的面積為

$$\underbrace{10 \times 7}_{\text{母線×半徑×π}} \times \pi = 70\pi\,\text{cm}^2$$

底面積為　$7 \times 7 \times \pi = 49\pi\,\text{cm}^2$

所以表面積為

$$\underbrace{70\pi}_{\text{側面積}} + \underbrace{49\pi}_{\text{底面積}} = 119\pi\,\text{cm}^2$$

4 球體體積與表面積的求法

像下方一樣的立體圖形稱為球體。

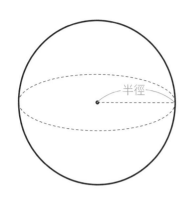

利用下列公式可求出球體的體積與表面積。

> **球體的體積與表面積公式**
>
> 設半徑為 r 時
>
> $$球體的體積 = \frac{4}{3}\pi r^3$$
>
> $$球體的表面積 = 4\pi r^2$$

 完美解題的關鍵

球體的體積與表面積的求法可用口訣來記！

藉由口訣「因為擔心前去拜訪」記住球體體積的公式！

藉由口訣「擔心的事情」記住球體表面積的公式！

※註：此處的口訣為日文發音的諧音。

$$球體的體積 = \frac{4}{3}\pi r^3 \qquad 球體的表面積 = 4\pi r^2$$

因為擔心前去拜訪（身の上に心配ある上（さんじょう））
$$\underset{3}{\;} \quad \underset{4}{\;} \quad \underset{\pi}{\;} \quad \underset{r}{\;} \quad \underset{乘3}{\;}$$

擔心的事情（心配ある事情（じじょう））
$$\underset{4}{\;} \quad \underset{\pi}{\;} \quad \underset{r}{\;} \quad \underset{乘2}{\;}$$

🖐 練習問題 3

試求下列球體的體積與表面積。

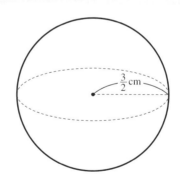

解答

此球體的半徑為 $\frac{3}{2}$ cm。

因為，設半徑為 r 時，球體的體積 $= \frac{4}{3}\pi r^3$，所以，此球體的體積為

$$\frac{4}{3} \times \pi \times \left(\frac{3}{2}\right)^3 = \frac{\overset{1}{\cancel{4}}}{3} \times \pi \times \frac{3}{2} \times \frac{3}{2} \times \frac{3}{2}$$

$$= \frac{9}{2}\pi \text{ cm}^3$$

因為，設半徑為 r 時，球體的表面積 $= 4\pi r^2$，所以，此球體的表面積為

$$4 \times \pi \times \left(\frac{3}{2}\right)^2 = \overset{1}{\cancel{4}} \times \pi \times \frac{3}{2} \times \frac{3}{2}$$

$$= 9\pi \text{ cm}^2$$

字義索引

※ 以粗體字標示的頁數，收錄了該名詞的詳細解說。

國家圖書館出版品預行編目資料

國中三年的數學一本搞定／小杉拓也作；
張維芬譯. -- 二版. -- 臺北市：五南圖書
出版股份有限公司, 2022.09
面； 公分

ISBN 978-626-343-297-0 (平裝)

1.CST: 數學教育 2.CST: 中等教育

524.32   111013703

學習高手系列 142

ZD11

國中三年的數學一本搞定

中学校3年間の数学が1冊でしっかりわかる本

作　　者 ― 小杉拓也

譯　　者 ― 張維芬

審　　定 ― 張淞豪

發 行 人 ― 楊榮川

總 經 理 ― 楊士清

總 編 輯 ― 楊秀麗

副總編輯 ― 王正華

責任編輯 ― 金明芬、張維文

封面設計 ― 蝶億設計

出 版 者 ― 五南圖書出版股份有限公司

地　　址：106臺北市大安區和平東路二段339號4樓

電　　話：(02)2705-5066　　傳　　真：(02)2706-6100

網　　址：https://www.wunan.com.tw

電子郵件：wunan@wunan.com.tw

劃撥帳號：01068953

戶　　名：五南圖書出版股份有限公司

法律顧問　林勝安律師

出版日期　2019年7月初版一刷（共三刷）
　　　　　2022年9月二版一刷
　　　　　2024年6月二版三刷

定　　價　新臺幣300元

經典永恆·名著常在

五十週年的獻禮 —— 經典名著文庫

五南，五十年了，半個世紀，人生旅程的一大半，走過來了。
思索著，邁向百年的未來歷程，能為知識界、文化學術界作些什麼？
在速食文化的生態下，有什麼值得讓人雋永品味的？

歷代經典·當今名著，經過時間的洗禮，千錘百鍊，流傳至今，光芒耀人；
不僅使我們能領悟前人的智慧，同時也增深加廣我們思考的深度與視野。
我們決心投入巨資，有計畫的系統梳選，成立「經典名著文庫」，
希望收入古今中外思想性的、充滿睿智與獨見的經典、名著。
這是一項理想性的、永續性的巨大出版工程。
不在意讀者的眾寡，只考慮它的學術價值，力求完整展現先哲思想的軌跡；
為知識界開啟一片智慧之窗，營造一座百花綻放的世界文明公園，
任君遨遊、取菁吸蜜、嘉惠學子！